CHRISTINA SCHÖFFLER
Vom Heimat finden und Himmel suchen

CHRISTINA SCHÖFFLER

Vom Heimat finden und Himmel suchen

Mit Jesus durch ein Jahr

 neukirchener

Wenn nicht anders vermerkt, sind Bibelstellen zitiert nach:
Elberfelder Bibel 2006, © 2006 by SCM-Verlag GmbH & Co. KG, Witten.
Weitere Verse sind folgenden Ausgaben entnommen:
Lutherbibel, revidierter Text 1984, durchgesehene Ausgabe in neuer Rechtschreibung © 1999 Deutsche Bibelgesellschaft, Stuttgart. (LUT)
Bibeltext der Neuen Genfer Übersetzung – Neues Testament und Psalmen.
Copyright © 2011 Genfer Bibelgesellschaft. (NGÜ)

Bibliografische Information der Deutschen Nationalbibliothek:
Die Deutsche Nationalbibliothek verzeichnet diese Publikation in der Deutschen Nationalbibliografie; detaillierte bibliografische Daten sind im Internet über http://dnb.d-nb.de abrufbar.

© 2021 Neukirchener Verlagsgesellschaft mbH, Neukirchen-Vluyn
Alle Rechte vorbehalten
Umschlaggestaltung: Agentur 3Kreativ, Essen, unter Verwendung eines Fotos,
Glas mit Wunderkerzen © shutterstock/Kann bokeh
Fotos: © Christina Schöffler, außer S. 18 © Jochen Blei und
S. 20, 30 und 149 © Franziska Blei
Lektorat: Anja Schäfer, Hamburg
Layout und Satz: Magdalene Krumbeck, Wuppertal
Verwendete Schriften: Scala
Gesamtherstellung: Finidr, s.r.o.
Printed in Czech Republic
ISBN 978-3-7615-6733-3 (Print)
ISBN 978-3-7615-6734-0 (E-Book)

www.neukirchener-verlage.de

Inhalt

Geleitwort

Es gibt Zeiten, da ziehe ich am Leben. Ungeduldig, getrieben, voller Unzufriedenheit über Falten und Schlieren und Schlaglöcher auf dem Weg. Hin und wieder bin ich so getrieben, dass ich Kinderhände wegschiebe, um ein Puzzle effizienter zu lösen, um das geordnete Ergebnis schneller sehen zu können. Als würde das irgendetwas ändern. Als müsste man nur die passenden Teile finden und alles würde überschaubar. Viel später am Tag, wenn alles ruhig geworden ist, spüre ich erst meinen angehaltenen Atem, den Knoten in meinem Kopf, knirschend sich enger ziehend. Ich ziehe am Leben, um die Wogen zu glätten. Stattdessen wird nur der Knoten enger. Ich wünschte, der Glaube an Gott, die Beziehung zu diesem schmerzhaft unsichtbaren Jesus, wäre wenigstens ein bisschen wie ein fertiges Puzzle. Gerade im Glauben vermisse ich die tiefe Befriedigung, alles an seinem Platz zu wissen. Es gibt viele Momente in unserem Reden und Schreiben über den Glauben, in denen wir versucht sind, einfache Antworten zu geben. Wir hoffen, dass wir das letzte Puzzleteil setzen und endlich aufatmen dürfen. Aber trotz aller Sehnsucht nach Perfektion hinterlässt jeder dieser Versuche einen schalen Beigeschmack bei denen, die erlebt haben, dass das Leben manchmal ruckelt und sich Lücken auftun, wo keine sein dürften.

Unsere Bücher sind voll von unumstößlichem Glauben, glattgebügeltem Vertrauen. Unsere Regale stehen voll von traumhaften Geschichten und unsere Welt ist voller enttäuschter Menschenkinder. Ich vermute, wir müssen neu lernen, einander in die Augen zu blicken. Wir müssen lernen von Bitterkeit zu sprechen. Und von Hoffnung. Dort, in der Wahrhaftigkeit unserer Begegnungen, so hoffe ich, bröckeln die Mauern, die wir vor lauter Enttäuschung aufgebaut haben. Es wäre so viel leichter, wenn es anders wäre. Ich möchte, dass mir jemand eine Liste von Ritualen auf den Tisch knallt, und wenn ich sie ein Jahr lang rigoros befolge, dann wird es Licht in meinem Leben. Aber, um es mit Christina zu sagen, so ist es »weiter und wilder – und einfach wunder-, wunderschön«. Deshalb falle ich immer wieder still und heimlich in ihrem Blog ein. Deshalb lese ich ihre Bücher. Weil sie nie diese Liste schreibt. Nie das letzte Puzzleteil legt. Sie beherrscht die hohe Kunst, den ganzen Haufen Puzzleteile zu sehen und Gott darin zu finden. Ihre Hände zu öffnen, um sich lieben zu lassen. Sich und das ganze unsortierte Leben. Stehenzubleiben und in die Tiefe zu graben, statt der Rastlosigkeit der Welt nachzugeben.

Wenn ich lese, wie andere mit Jesus unterwegs sind, fühle ich mich manchmal wie das Kind, das als Letztes ins Völkerball-Team gewählt wurde. Aber Christina macht einfach die Tür auf und sagt »Stör dich nicht an der Dreckwäsche!«. Und ehe du dich versiehst, sitzt du auf ihrem Sofa und triffst Jesus.

JENNIFER ZIMMERMANN
Autorin von *Als Gott mich fallen ließ*

»Ich erzähle über mein Leben. Auch wenn es tatsächlich kaum
etwas weniger Wichtiges geben könnte, so könnte es andererseits
auch kaum etwas Wichtigeres geben. Meine Geschichte ist
wichtig, nicht etwa weil es meine Geschichte ist – weiß Gott
nicht! – sondern weil die Chance groß ist, dass andere darin ihre
eigenen Geschichten erkennen können, wenn es mir gelingt, die
meinige richtig zu erzählen. Und vielleicht gibt es tatsächlich
kaum etwas Wichtigeres, als diesen Geschichten auf die Spur
zu kommen – den Geschichten darüber, wer wir sind, wo wir
herkommen und wem wir auf unserem Weg begegnen – weil es
genau diese Geschichten in all ihrer Eigenart und Einfachheit
sind [...] durch die Gott sich uns ganz persönlich und
eindringlich offenbart.«

FREDERICK BUECHNER[1]

Willkommen liebe Leserin, lieber Leser!

Willkommen auf meiner Jahresreise!

Mit dem Notizbuch in der Hand bin ich am Anfang des Jahres gestartet, um Reiseberichte aus meinem Alltag aufzuschreiben – vor mir die vier Jahreszeiten. Also nicht diese köstliche Pizza, sondern die echten Zeiten, die wir in unserem Breitengrad Jahr für Jahr durchleben und die ich in ihrem Wechsel so sehr liebe. Immer wenn ich gerade die Nase voll habe vom kalten Winter, kommt der Frühling um die Ecke, und wenn die Sommerhitze unerträglich wird, brausen die Herbststürme heran mit den gemütlichen, dunkler werdenden Tagen im Gepäck. Und wenn die Dunkelheit dann fast nicht mehr zu ertragen ist, taucht mit sanftem Strahlen die Weihnachtszeit auf und erinnert daran, dass Jesus in unsere Welt hineingeboren wurde.

Auch das Leben mit Gott kennt verschiedene Jahreszeiten. So mancher versucht uns zwar am Anfang der Strecke zu versichern, dass sich auf dem Glaubensweg stets Frühlingsblüte und Erntezeiten ablösen, aber jeder, der schon ein Stück darin gegangen ist, weiß, dass dem nicht so ist. Auch hitzige Zeiten, Unwetter gefolgt von dunklen Tagen sind Teil der Reise und gehören zu unserem Glauben wie der stille Rhythmus von Saat und Ernte, Dunkelheit und Hoffnung, Tod und Auferstehung. Alles hat SEINE Zeit. Auch darum wird es in diesem Buch gehen.

Und dann bestimmen auch unerwartete Ereignisse auf dem Weg die Richtung unserer Reise. In diesem Jahr war es unser Umzug, den wir zwar erhofft, aber nicht so schnell erwartet haben. Somit drehen sich viele der Geschichten um die Suche nach Heimat – um das Ankommen und Wurzelnschlagen ebenso wie um das Loslassen und Unterwegsbleiben.

Und während ich dieses Vorwort schreibe, hat uns alle mit der Coronakrise ein anderes unerwartetes Ereignis getroffen. Dieser kleine Virus sauste wie eine Abrisskugel in unsere Leben, ließ einmal kräftig den Boden wackeln und tragende Pfeiler tanzen. Wir wurden gemeinsam erschüttert wie Menschen, die in einem Erdbebengebiet leben – nur dass die meisten von uns bisher dachten, dass es bei uns keine Erdbeben gibt. Plötzlich mussten wir uns in einem Alltag zurechtfinden, der so ganz anders war. Hätte mir vorher jemand gesagt, dass ich wochenlang mein Kind zu Hause unterrichten muss, wir keine Freunde treffen dürfen und den Einkauf nur noch mit Mundschutz erledigen, wäre ich wahrscheinlich durchgedreht (was dann auch leider manchmal passiert ist!). Es ist eine Zeit, die uns vor Augen geführt hat, dass wir letztlich nur wenig im Griff haben und viel verletzlicher sind, als wir ahnten.

Draußen ist es Sommer geworden. Wieder einmal. Ungeachtet der kleinen und großen Krisen auf unserem Erdball wächst das Getreide auf den Feldern und biegen sich die Himbeerzweige in unserem Garten von der süßen Last der reifen Früchte. Der beständige Wechsel der Jahreszeiten erinnert mich an Gottes Zusage an seine Menschenkinder, nachdem die große, zerstörerische Flut über die Erde hinweggegangen ist: »Von nun an, alle

Tage der Erde, sollen nicht aufhören Saat und Ernte, Frost und Hitze, Sommer und Winter, Tag und Nacht« (1. Mose 8,22). Unser Schöpfer bleibt uns treu. Der Gott, der in Jesus seinen Fuß auf unsere Erde gesetzt hat, steigt aus unserer Geschichte nicht aus. Solange diese Erde steht, ist er an unserer Seite, Jahr für Jahr. Sommer und Winter. Tag und Nacht. Es ist, wie der Pfarrer Helmut Thielicke es geschrieben hat, nachdem seine Stiftskirche und so vieles mehr den Trümmern des Zweiten Weltkriegs zum Opfer fiel: »Der ruhende Pol inmitten aller verwirrenden Unruhen ist die Treue Gottes.«[2]

Die Treue Gottes ist der ruhende Pol in dieser Welt. Sie ist die Herberge auf dem Weg, in der immer ein warmes Essen auf uns wartet, egal wie spät und wie müde wir am Ende des Tages bei ihr einkehren. Hier sind wir willkommen, zu allen Zeiten unseres Lebens. An den Festtagen, an denen sich die Tafeln biegen unter all dem Guten, ebenso wie an den Allerweltstagen, an denen wir schnell ein Käsebrot verdrücken, bevor wir die Wäsche aus dem Keller holen, und erst recht an den Tagen, an denen wir uns alleine und traurig an den Tisch setzen, um eine Trostsuppe zu löffeln.

Jesus ist der treue Weggefährte auf jedem Abschnitt unserer Lebensreise. Und er kennt den Weg nach Hause. Das ist einer der vielen Gründe, warum ich jeden Morgen nach seiner Hand greife und jeden Abend ein »Danke, dass du da warst!« flüstere.

Wir sind nicht alleine. Und wir haben einen Ort, an dem wir, so wie wir sind, willkommen sind. Jetzt und ewig.

Es ist mein Wunsch und mein Gebet, dass meine Geschichten etwas von dieser liebevollen Einladung in sich tragen.

Herzlichst,
Eure Christina

. . . .

Erster Schritt

»Heute machen wir eine Weltreise«, sagst du lachend.
»Da muss ich mich aber noch umziehen und packen!«, sage ich.
Du winkst ab: »Komm, wie du bist! Ich hab alles, was wir brauchen.«
Ich zögere nur kurz. Dann sehe ich dich an.
Wir treten über die Schwelle des Tages.
Meine Hand sucht deine. Warme Nähe.
»Bereit?«, fragst du.
Und ohne meine Antwort abzuwarten, gehst du los.

Auf das Leben

Gestern haben wir unsere Raketen abgefeuert. Wir haben gemeinsam mit unseren Freunden das neue Jahr begrüßt, das noch so unberührt vor uns liegt wie die Schneelandschaft, die ich aus dem Fenster unserer Allgäuer Ferienwohnung sehen kann. Heute ist endlich Neuschnee gefallen, der von den zwei kleinen Mädchen der Freunde und von Samuel, unserem wilden Achtjährigen, jubelnd begrüßt wurde. Nach einem kurzen Frühstück machen wir uns auf den Weg zum großen Schlittenhang. Dort stellen wir fest, dass alle vorhandenen Schlitten bereits ausgeliehen sind. Die Freunde, die gut vorbereitet ihre Schlitten und einen Bob mitgebracht haben, laden unser Kind mit auf, und ich trotte hinter meinem Mann Heio ein Stück den Abhang hinauf, um die Wintersportler von der Seitenlinie aus anzufeuern. Unter großem Jauchzen und Jubeln sausen zuerst die Kinder, dann die Freunde an uns vorbei. Kurz darauf kommen sie wieder, dieses Mal schwitzend und mit roten Backen, Schlitten und Bob hinter sich herziehend, auf dem Weg nach oben und dann geht es wieder lachend und rufend nach unten.

Es ist wirklich kalt. So langsam gefriert mir das Lächeln im Gesicht. Ich überrede Heio, dass wir uns in der kleinen Skihütte aufwärmen.

Kurz darauf sitzen wir zwischen Wintersportlern, den Geruch von durchgeschwitzten Skisocken und Kaiserschmarrn in der Luft. Ich fühle mich plötzlich sehr alt. So als würde mein Leben in Zukunft wohl nur noch an der Seitenlinie stattfinden, während andere die Piste unsicher machen. Ich beneide die jungen Freunde, die mit ihren Kindern wie ein Rudel Welpen den Hang auf und ab tollen. Seufzend nippe ich an meinem Kaffeebecher und jammere ein wenig. Ich frage Heio, ob er denkt, dass unsere besten Jahre langsam vorbei sind. Mein kluger Mann schaut mich liebevoll an und sagt ganz sanft zu mir: »Christina, du musst ein Ja finden. Zu dem, was ist.« Und plötzlich weiß ich, dass ich mein Wort für das kommende Jahr gefunden habe.

Während andere den Jahresanfang für gute Vorsätze nutzen, suche ich mir seit einiger Zeit immer ein Wort. Einfach weil alle meine guten Vorsätze spätestens im Frühjahr dahinschmelzen und den Rest des Jahres wie trübe kleine Schneereste am Straßenrand liegenbleiben, die mich an mein Versagen erinnern. Deshalb gefiel mir die Sache mit dem Wort auf Anhieb richtig gut. Gestartet hat es vermutlich Mike Ashcraft mit seinem Buch[3] und dann hat es sich über die sozialen Netzwerke verbreitet. Dort geht pünktlich zu Anfang des Jahres die Frage um: Was ist dein Wort für das neue Jahr? Ein Wort, das verheißungsvoll und gleichzeitig herausfordernd über dem neuen Jahr stehen soll. Ein Wort, das mich formt. Ein Wort zum Festhalten. Ein Wort, das man wie eine kleine Taschenlampe in die Hand gedrückt bekommt, die man einschalten kann, wann immer man sie braucht. In dieses Jahr bin ich ohne so ein Wort gestartet. Ich habe zwar angestrengt hingehört und gebetet, aber irgendwie wollte sich nichts finden lassen. Also hatte ich schon schulterzuckend gedacht, dass es dann auch ohne gehen wird. Und da kommt es doch noch zu mir. Ruhig lächelnd, aus dem Mund meines Mannes, in dieser Skihütte im Allgäu. »Du musst ein Ja finden.« Und ich wusste: Das ist es! Mein Wort! JA.

Es gab in der Vergangenheit Jahre, in denen musste ich das NEIN lernen. Das war schwierig. Und heilsam. Und ich ahne, dass die zwei Buchstaben fürs neue Jahr nicht weniger herausfordernd sein werden. Kann ich Ja sagen? Kann ich meine Hände ausstrecken und nehmen, was das Leben mir gibt? Nicht im Sinne von lethargisch alles hinnehmend, sondern wie ein Weinglas, das man ganz bewusst entgegennimmt und nach oben hält: *L'chaim! Auf das Leben!* Dieser hebräische Trinkspruch ist kein Toast auf die Zukunft – wie viele andere Trinksprüche –, sondern auf das, was heute ist. Auf das Jetzt und Hier.

An manchen Tagen wird das Jasagen ganz einfach sein, wenn der Geschmack meines Lebens süß und voll ist. An den Tagen aber, die bitter schmecken und an denen sich das Glas eher leer anfühlt als voll, ist das schwieriger. Und dann gibt es auch die ungenießbaren Zeiten, die mit einem furchtbaren Nachgeschmack daherkommen, die man nur in der verzweifelten Hoffnung hinunterkippen kann, dass uns nicht nachgeschenkt wird; Tage an denen das *L'chaim* nur schwer über die Lippen kommt. Ob ich dann auch ein Ja finden kann, weiß ich nicht. Aber heute kann ich ein bisschen üben. Auf das Leben – so wie es ist. Auf meine Narben und meine Falten. Auf meine Kraft oder die mangelnde Kraft. Auf die angefrorenen Zehen und die angefressene Seelenlage.

Und während ich so über mein Wort nachdenke, spüre ich, dass es da noch ein größeres Ja gibt. Über uns und über jedem unserer Tage liegt ein unverrückbares, ewiges Ja. In der Bibel lesen wir: »In Christus spricht Gott das Ja und das Amen« (2. Korinther 1,20). Das heißt: Ja. So ist es. Und Punkt. Wow. Es ist das Mutterherz in mir, das genau weiß, was es mit diesem Ja auf sich hat. Wenn ich auf Samuel blicke, der manchmal wirklich alles in mir herausfordert an Gefühlen, von Liebe über Wut bis zur völligen Verzweiflung, dann ist da auch immer dieses Ja. Okay, manchmal versteckt es sich so tief in mir, dass ich es in dem Moment nicht finden kann, aber ich weiß einfach: Es ist irgendwo hier drin. Nie habe ich daran auch nur den winzigsten Zweifel. *Ja. Mein geliebtes Kind!*

Und diese unperfekte, menschliche Liebe ist nur ein kleiner

Funke aus dem gewaltigen Feuer der Liebe Gottes. Diese Liebe hat nichts mit einem kopfwippenden Wackeldackel im Heckfenster eines alten Mercedes gemeinsam. Sie ist nicht soft und um des lieben Friedens willen nachgiebig. Sondern stark und leidenschaftlich. Und glühend. Bereit, jeden Kampf mit mir aufzunehmen, um mich ins Leben zu führen. Die heilige Gegenwart. Sie hält uns fest wie eine starke Mutter. Sie sagt: Ja, mein geliebtes Kind! Jetzt. In diesem Moment. Egal, wie wir über uns denken. Ja zu dem, was hinter uns liegt. Ja zu dem, was wir heute geschafft haben oder eben nicht. Und Ja zu dem, was morgen sein wird.

Und wenn wir es nehmen als dieses an uns gerichtete Wort (das es ja tatsächlich ist!), dann wird es nach und nach wie ein Echo auch aus uns kommen. Wir werden lernen, »das Leben loszulassen, das wir geplant haben, damit wir das Leben bekommen, das auf uns wartet.«[4]

Ja zur beschränkten Kraft. Ja zur Müdigkeit nach der durchwachten Nacht und Ja zu vielen Tassen Kaffee. Ja zur Schlange an der Kasse. Ja zu der Aufgabe, die mich heute wirklich herausfordert. Ja zu meiner Gemeinde, so wie sie heute ist. Ja zu dem Kind, das ich in manchen Momenten gerne so anders hätte. Ja zu diesem Buch, zu jedem Kapitel das noch ungeschrieben vor mir liegt.

Ich will mein Vertrauen auf dieses alles umfassende Ja Gottes in Jesus setzen. Es wird mich verwandeln. Ja zu mir. Ja zu dir. Ich will zu einem Ja-Sager werden, im besten Sinne!

Ich trinke den letzten Schluck meines Kaffees und wir gehen wieder hinaus an die kalte Luft.

Samuel kommt mir lachend entgegen: »Mama, hast du gesehen, wie schnell ich gefahren bin? Ich bin sogar geschanzt!« Er springt mich mit einer Wucht an, dass ich fast im Schnee gelandet wäre. Ich muss ebenfalls lachen. Ich ahne, dass die guten Jahre noch vor uns liegen. So ganz anders, als diese Welt uns einreden will. Gottes Güte und Barmherzigkeit werden mit den Jahren nicht zu einer tröpfelnden Quelle, die langsam leerläuft. Im Gegenteil. Ich werde immer mehr und mehr aus ihr trinken lernen. Gottes Reich ist nicht am Nachlassen. Es ist das kommende und ewige Reich, das mir lachend entgegenläuft. In diesem Vertrauen will ich den Jahreszeiten, die vor mir liegen, entgegengehen. Gott hat genug für uns.

L'chaim! Auf das Leben!

· 02 ·

Winterruhe

Nun sind wir wieder zurück in unserer kleinen Stadtwohnung. Heute Morgen klingelt der Wecker unbarmherzig früh. Ich wanke aus unserem Schlafzimmer, balanciere die Leiter zu Samuels Hochbett hinauf und versuche, das warme Knäuel zum Aufstehen zu bewegen. Ein tiefer Seufzer unter der Bettdecke ist die Antwort. Ich ziehe mit lautem Rattern die Rollläden nach oben – eigentlich total unsinnig, weil es draußen noch stockfinster ist. Wieso nur beginnen in Deutschland die Schulen bevor die Sonne aufgeht? Wir frühstücken müde.

Nachdem das Kind widerstrebend mit dem schweren Ranzen auf dem Rücken losgezogen ist, beginnt es ganz leicht zu schneien. Ich entscheide mich, alles noch ein bisschen liegen zu lassen, und gehe eine Runde nach draußen. Die kleinen Schneeflocken wirbeln mir wie ein Graffitiregen entgegen. Ich laufe beschwingt am Postboten und der alten Nachbarin vorbei, die schon mehrfach zu mir gesagt hat: »So, jetzt kennet se endlich wiedr schaffa ganga!« Das ist schwäbisch für: »Ihr Kind ist in der Schule, warum sitzen Sie immer noch faul und untätig zu Hause?« Eine Zeitlang hat mich das ziemlich unter Druck gesetzt. Ich habe bei meiner Rückkehr darauf geachtet, unser Gartentor heimlich und leise zu schließen, nachdem ich Samu zur Schule gebracht hatte. Ich habe vergeblich versucht, in einem Nebensatz zu erwähnen, dass ich von zu Hause aus arbei-

te. Irgendwann habe ich dann schulterzuckend akzeptiert, dass ich für meine Nachbarin und den Postboten die Frau bin, die in ihrer Wohnung rumhängt, Spaziergänge macht, wenn andere arbeiten, und mittags noch in Jogginghose und ungewaschenen Haaren rumläuft.

Ich mache mich also an diesem Werktag auf einen kleinen Spaziergang in entgegengesetzter Richtung zum Strom der dampfenden Autos, die alle Arbeitswilligen Richtung Stadtmitte befördern, zu dem kleinen Hügel, bei dem die Felder anfangen. Dunkle, frostige Erde liegt vor mir. Winterzeit. Der Boden ruht. Ich bin zwar keine Expertin für Landwirtschaft, aber ich weiß, dass diese Zeit für den Acker wichtig ist. Wenn man das ganze Jahr Profit machen möchte und dem Boden keine Regenerationsphase gönnt, dann erschöpft er sich und ist für lange Zeit nicht mehr zu nutzen. Ein kluger Bauer weiß das. Er setzt sich über diesen Rhythmus nicht hinweg. Sommer und Winter. Erntezeit und Regeneration. Effektivität und Ruhe. Auch wir Menschen sind in diesen Rhythmus hineingeboren. Im modernen Zeitalter können wir ihn vielleicht eine Zeitlang ignorieren. Vieles ist heute auch vorgegeben. Die Spielräume, sich die Arbeit nach den Jahreszeiten einzuteilen und eine Winterruhe zu halten, sind bei den meisten von uns begrenzt. Leider. Und trotzdem: Auch wir brauchen die Zeiten der Ruhe und Regeneration! Unser Leben findet nicht unabhängig von diesem Boden statt, der uns trägt und Nahrung gibt. Gott hat uns sogar aus dieser Erde geschaffen! Wie passend ist es da, dass das lateinische Wort für Boden (*humus*) denselben Wortstamm hat wie menschlich (*humanus*) und Demut (*humilitas*).

Der ruhende Boden erinnert mich an meine Geschöpflichkeit. Dass ich Pausen brauche. Und Ruhezeiten. Und es braucht Jahreszeiten und manchmal sogar ganze Lebensphasen, in denen es wichtig ist, die Dinge langsamer anzugehen. »Alles Lebendige verlangt nach einem Rhythmus der Ruhe«, schreibt der Schriftsteller und Seelsorger Wayne Muller.[5] Diese Tatsache habe ich lange Zeit ignoriert. Ich dachte: Ruhezeiten sind ein Luxus, den ich mir irgendwann gönnen kann, aber heute nicht. »Ausruhen können wir auch noch im Himmel!«, war ein Spruch der Generation meiner Eltern, über den ich zwar lachen musste, der mich aber doch geprägt hat. Es war der Glaube, dass ich (wie Paulus an die Epheser schreibt[6]) die »Zeit auskaufen« muss, was ich so verstand, dass ich ZU JEDER ZEIT meines Lebens ALLES geben sollte, was ich habe. Irgendwann bin ich dabei zusammengekracht. Ich fand mich weinend zu Hause wieder, während alle anderen zur Arbeit gingen, und musste mithilfe einer Therapeutin die Scherben zusammensammeln, die mein ständiges Dienen-Wollen und Begrenzungen-Ignorieren hinterlassen hatten. Mir ging es wie dem erschöpften Boden: Es hat eine sehr lange Regenerationsphase gebraucht – in meinem Fall mit viel Schlaf und Vormittagen in der Jogginghose, um wieder einigermaßen zu Kräften zu kommen. In dieser Zeit habe ich gelernt, dass Paulus eigentlich geschrieben hat: »Kauft die rechte [oder günstige] Zeit aus!« Da hat dieser Vers plötzlich einen ganz anderen Klang. Es sagt mir, dass es Zeiten gibt, in denen manches sehr günstig ist und manches wiederum sehr ungünstig. Mir fällt dabei sofort die junge Mutter ein, deren Schlaf von einem schreienden Baby unterbrochen wird und sie sich deshalb müde durch ihre Tage kämpft. Was in diesen Zeiten des Lebens so günstig ist wie zu keiner anderen Zeit ist: ein Mittagsschlaf! Und Amphetamine. Okay, Kaffee müsste reichen. Günstig ist auch, mit dem schlafenden Baby spazieren zu gehen, andere müde Mamas wissend und liebevoll anzulächeln und ab und zu dieses kleine Wesen an sich zu drücken und zu staunen und dabei zu sein, wenn es seine vielen ersten Male erlebt. DAS nenne ich die Zeit auskaufen. Und fast alles andere ist in dieser Zeit sehr ungünstig! Und wenn uns äußere Umstände oder unser Körper zur Ruhe anhält, dann dürfen wir das als liebevolle und nachdrückliche Einladung verstehen, den Griff aufs Leben ein bisschen zu lockern und völlig ineffektiv unsere Tage zu verbringen – auch unter den entrüsteten Blicken der Nachbarn.

»Für alles gibt es eine bestimmte Stunde. Und für jedes Vorhaben unter dem Himmel gibt es eine Zeit«[7], schrieb schon der kluge König Salomo. Erntearbeit im Winter ist ungünstig. Und zur Erntezeit den Winterschlaf einzulegen, ist auch nicht besonders günstig. Die Abschnitte werden kommen, in denen wir das Tempo beschleunigen müssen. Jahreszeiten, die uns einiges an Kraft abverlangen werden, in denen wir Feste vorbereiten und die Nächte kürzer werden und Projekte in Angriff genommen werden können. Jetzt aber ist noch Winterzeit. Ich will in dem ruhigen Wissen starten, dass alles schon da ist, was wir brauchen. Und dass wir geliebt sind. Und genügen. So wie wir sind.

Wir dürfen darauf vertrauen, dass Gottes Reich in unserem Leben aufgeht wie eine still wachsende Saat, gerade auch in den Zeiten, in denen wir nichts leisten (können) und von außen betrachtet scheinbar nichts geschieht. Die Natur lehrt uns, dass die Saat eine Zeit der Ruhe und Inaktivität braucht, bevor sie sich, zur günstigen Zeit, mit maximierter Kraft entfalten kann. Dann können die Wurzeln tief in den Boden wachsen, aus dem in den kommenden Jahreszeiten wichtige Nährstoffe gezogen werden. Ein Vertrauen auf dieses innere Wachstum drückt sich im Still-Halten aus – und im Lieben-Lassen.

Ich muss dabei an meinen liebsten Moment des Tages denken: Wenn Samuel sich neben mich auf das Sofa kuschelt. Es ist ein zerbrechlicher Moment. Innerlich fürchte ich immer, dass der wilde Kerl sich gleich wieder aus der Umarmung windet, um sein Autoquartett zu suchen oder etwas anderes Wichtiges zu erledigen. Er ahnt nicht, wie glücklich mich diese Momente machen, in denen er einfach stillhält und sich liebhaben lässt. Wir ahnen nicht, wie sehr wir Gott (und uns selbst!) mit unserem Still-Halten und Lieben-Lassen be-

schenken! Mein Herz tut sich oft schwer damit, das zu glauben. Aber ganz langsam, mit dem Kreislauf der Jahre, lerne ich es: Still-halten. Lieb-haben-lassen. Ich will die ruhige Zeiten nicht nur widerstrebend aushalten, sondern freudig begrüßen. Ich will nicht dem nörgelnden Nachbarn vor der Tür nachgeben und auch nicht den vorwurfsvollen Antreibern in mir. Die Erde ist auch zum Ausruhen da! Ein JA zum Liegen-Lassen und zum Lieben-Lassen! Ein JA zu unseren Begrenzungen! Ein JA zu Vormittagen in Jogginghosen! Halten wir mit unserem Ausruhen eine Welt fest, die kaum mehr in der Lage ist stillzuhalten, und flüstern ihr zu: »Es ist gut! Wir müssen einander nichts beweisen. Wir sind unendlich geliebt!«

Auf die Ruhe! Auf die günstige Zeit des Nichtstuns! Und auf all das, was so ganz ohne unser Zutun geschehen wird.

. . . .

»Wer ruht, gibt der Liebe Lebensraum.«
TOMAS SJÖDIN[8]

03

Schneebälle ans Fenster

Und noch einmal fällt draußen der Schnee. Es ist später Nachmittag und ich schaue von unserer warmen Küche aus zu, wie die dicken Flocken unter der Straßenlaterne tanzen, während Samuel jubelnd nach draußen läuft, um mit der Zungenspitze nach ihnen zu jagen. In unregelmäßigen Abständen prallt ein Schneeball an die Verandatür. Eindeutig eine Aufforderung, das kuschelige Nest zu verlassen und ihm nach draußen zu folgen. Ich versuche, die Störung zu ignorieren, bis ein noch größerer Schneeball ans Fenster kracht und das Rufen von draußen lauter wird. Seufzend suche ich nach meinen Stiefeln und Handschuhen und zwänge mich in die Winterjacke. Ich trete über die Türschwelle und atme tief die kalte Luft ein. Ich mag diesen Geruch von frisch gefallenem Schnee. Und die Luft hier draußen macht mich so lebendig! Das vergesse ich an manchen Tagen fast, an denen ich mich in der warmen Wohnung verkrieche. Ich finde Samuel in unserem Garten, wie er jauchzend Schneeengel macht. Grüßend läuft unsere junge, fröhliche Nachbarin am Zaun vorbei: »Ich vermisse unsere Montagabende!«, ruft sie und ich kann nur zustimmend nicken.

Unsere Montagabende. Letzten Winter haben wir damit begonnen. Aber eigentlich fing die Geschichte schon mitten im Sommer an. Da hatte ich eine Gartenlesung geplant. Das ganze Ausmaß dieser Einladung wurde mir erst in dem Moment so richtig bewusst, als ein Freund, der für den musikalischen Teil zuständig war, mich fragte, ob er Anlage und Verstärker selbst mitbringen sollte. Da wurde mit klar: Die Sache könnte laut werden. Und ich hatte bei der Planung nicht bedacht, dass im Sommer die Balkone und Gärten rund um unseren Hinterhof voll mit Nachbarn sein würden. Und die würden nun meine Lesung, die Musik – einfach alles! – live miterleben. Oh nein! Kurz war ich versucht, das Ganze doch in den Gemeinderäumen abzuhalten. Aber dann gab ich mir einen Ruck. Ich informierte die Nachbarn über die bevorstehende Veranstaltung. Einer meinte nur lakonisch: »Alles klar, dann mach ich die Balkontüre zu«, andere fragten interessiert nach: »Eine Lesung? Interessant. Wer kommt denn und liest?« Ich gestand, dass ich selbst Bücher schreibe (»Ja, doch, über mein Leben mit Jesus, Alltagsgeschichten ...«). Wahrscheinlich hätte ich mich nicht mehr geschämt, wenn ich gesagt hätte, wir würden an dem Abend ein paar Pornos in unserem Garten drehen. Eins meiner Bücher landete dann auch in den Händen einer Nachbarin, von der ich ziemlich sicher war, dass sie kein großes Interesse an Glaubensthemen hatte. Zumindest hatte sie nie nachgefragt, wenn ich, beim gemeinsamen Grillen etwa, ein kurzes Tischgebet gesprochen hatte. Das mit dem Tischgebet halte ich so, weil wir das immer so machen. Und weil ich nicht will, dass sich Jesus meinetwegen schämt, wenn ich mich seinetwegen schäme. Und in den letzten Jahren mache ich es vor allem, um Samuels lauter Frage vorzubeugen: »Mama, warum beten wir denn nicht? Das machen wir doch sonst auch immer!« Gut, den schnell gesprochenen Satz »Danke, Jesus, für das Essen!« kann man natürlich auch

als kleinen Seufzer verstehen: »Gott sei Dank, es gibt Essen!«
Für mich aber war das ausbleibende Nachfragen der Nachbarn
der Beweis: Sie interessieren sich nicht für meinen Glauben.
Und aufdrängen will man sich ja nicht. Außerdem wirkte ihr
Leben von außen betrachtet einschüchternd perfekt: Haus, klu-
ges Kind und Karriere. Wer braucht da noch Jesus? Genau dieser
Nachbarin drückte ich, auf ihren ausdrücklichen Wunsch hin,
mein Buch in die Hand und verbrachte daraufhin zwei etwas
unruhige Nächte. Nun würde sie also meine Glaubensgeschich-
te samt allen peinlichen Details meines Lebens lesen und sich
köstlich über mich amüsieren. So in etwa stellte ich mir das vor.

Was ich mir nicht vorgestellt hatte, war, dass sie mich nach
zwei Tagen in unserem Garten abpasste und mir mit Tränen in
den Augen gestand, wie sehr sie sich wünschte, so glauben zu
können. Sie erzählte von schweren Erlebnissen und dass sie vor
kurzem ihrem Sohn zuliebe wieder in die Kirche eingetreten
war. Leider hatte der Pfarrer sich kaum Zeit für ein Gespräch
genommen und ihre Glaubensfragen nur zögerlich beantwortet, als wären sie ihm unangenehm. Was sie sehr enttäuschend
fand. Wenig später saß ich völlig baff neben Heio auf dem Sofa
und sagte: »Ich will nie wieder der Lüge glauben: ›Der andere
interessiert sich ja sowieso nicht für Jesus‹!« Vielleicht ist das
der einfachste Trick, mit dem es dem Teufel gelingt, die beste

Nachricht der Welt für uns zu behalten (und über den Teufel sollte man besser auch nicht reden).

Vor einiger Zeit habe ich einen wunderbaren Artikel von Verena Friederike Hasel in der ZEIT gelesen. Durch die Fragen ihrer Kinder über Gott kam sie, die selbst wenig mit Glauben zu tun hatte, ins Nachdenken. Sie schreibt:

»Es ist geschehen, was ich nie für möglich gehalten habe. Meine Kinder glauben an Engel, sie glauben an ein Wiedersehen nach dem Tod, sie glauben, dass Gott auf sie aufpasst. [...] Und als wir im Sommer in den Schweizer Bergen an einer Kirche vorbeikamen, hinterließen sie neben dem Altar Briefe an Gott. Die Gelegenheit erschien ihnen günstig. ›Hierher hat es Gott nicht so weit‹, erklärte mir die Fünfjährige. Sie wurde zu dieser Zeit von Albträumen geplagt und diktierte mir für ihren Brief, dass Gott machen solle, dass diese Träume verschwinden. In der darauffolgenden Nacht schlief sie ruhig wie lange nicht mehr.«

Nach diesen Erlebnissen, so berichtet die Autorin, fing sie an, in ihrem Umfeld darüber zu reden, und merkte, wie schwer es allen fiel, über Glaubensfragen zu reden – selbst den Bekannten, die regelmäßig zur Kirche gingen. Schließlich landete sie in einem Glaubenskurs und konnte hier endlich ihre ganzen Fragen loswerden. Am Ende nahm sie nicht alle Antworten schön eingetütet mit, war jedoch berührt: »Ich glaube weiterhin nicht, mir ist aber die Schönheit des christlichen Glaubens bewusst geworden. Da kommt einer, um die Menschen zu retten, und ist das wehrloseste aller Wesen.«[9]

Mich hat der Artikel nachdenklich gemacht. Wieso fällt es uns so schwer, über den Glauben zu reden? Also nicht über Religion im Allgemeinen. Über den Islam und Buddhismus und alles Mögliche kann man sich ja entspannt bei einem Bier austauschen. Solange der Name Jesus nicht fällt. Dann kommt es meistens ziemlich schnell nach kurzer peinlicher Pause zu einem Themenwechsel.

Ich beschließe, das Thema nicht mehr zu wechseln. Schließlich hat meine Nachbarin damit angefangen. Könnte ein Glaubenskurs ihr auch weiterhelfen? Dunkel erinnere ich mich, dass es in den Achtzigerjahren so etwas gab. Meine Freundin Becky, die zu der Zeit auch eine Freundin hatte, die sehr viele Fragen über den Glauben stellte, recherchierte und fand heraus: Es gibt sie noch, die Alphakurse. Heute ganz wunderbar aufgepeppt mit kleinen Videosequenzen über die Inhalte des christlichen Glaubens.[10] Alles, was man tun muss, ist: Leute einladen, Essen kochen, Film anschauen und sich im Anschluss heiter darüber austauschen. Ich fand das eine tolle Sache – bis zu dem Zeitpunkt, an dem Becky einen Termin für den ersten Abend vorschlug. Manchmal ist es echt anstrengend, Freunde zu haben, die so furchtbar konkret werden! Natürlich fand ich die Idee auch gut, aber ich hätte doch niemals ernsthaft daran gedacht, sie auch umzusetzen! Nun war ich also an der Reihe einzuladen: zu 14 (!) Abenden über den Glauben. Also ehrlich, wer will schon 14 Abende lang über den Glauben reden?! Beckys Freundin wollte. Wenn wir uns nicht nur zu dritt treffen wollten (14 Abende lang!), musste ich also nachlegen. Beim nächsten Playdate meines Sohnes ließ ich bei der sympathischen Mama eine Einladung mit dem Hinweis zurück, dass sie ja sicher kein Interesse habe und 14 Abende ja auch viel zu viel seien und es bei ihren zwei kleinen Kindern völlig verständlich sei, dass sie nicht kommen wolle. Sie sagte zu. Die restlichen Einladungen verteilte ich im Anschluss an die Begräbnisfeier des Nachbarhasen. Am Ende konnte die Nachbarin, deretwegen ich den Kurs ursprünglich anbieten wollte, leider doch nicht. Dafür kam eine junge Nachbarin, die ich mit ihrer fröhlichen Art schon länger ins Herz geschlossen hatte. Erst meinte sie noch: »Ich schau mal, hab aber wahrscheinlich keine Zeit«, um kurz vor Start zu sagen: »Ich bin dabei!«

Und so begann unser Mini-Alphakurs im letzten Jahr. Unsere Montagabende. 14 Mal. Es war ein echtes Abenteuer. Ich war aufgeregt wie lange nicht mehr. Jedes Mal sagte ich zu Jesus:

»Wenn du nicht auftauchst, dann stehen wir echt blöd da. Bitte, bitte hilf uns!« Und pünktlich klingelten unsere Gäste an der Tür, brachten Essen und gute Laune mit und wir unterhielten uns über stressige Kinder, Bauvorhaben und TV-Serien, lachten und schwatzten – bis ich mit dem Blick zur Uhr und einem Stoßgebet den Fernseher anstellte und wir uns damit befassten, was wir Jesusnachfolger so glauben. Und Montag für Montag wurde mir die Schönheit meines Glaubens bewusst. Und ich meine, den anderen ging es ähnlich.

An unserem letzten Abend baten wir um ein kleines Feedback der beiden Frauen, die bis dahin durchgehalten hatten. Was sie sagten, war: »Die Einladung war für uns etwas Besonderes. Es war eine Ehre, dass wir dabei sein durften. Wir haben so viel darüber gelernt, was Glauben bedeutet. Danke.« Ihre Geschichten mit Jesus werden weitergehen. Da bin ich mir sicher. Sie hat ja auch schon lange vor unseren 14 Abenden angefangen. Aber wenn ich an diese Zeit zurückdenke, dann geht es mir wie der Nachbarin, die inzwischen eine Freundin ist: Ich vermisse unsere Montagabende.

Mittlerweile ist es draußen dunkel geworden. Ich baue mit Samuel im Schein der Straßenlaterne einen Schneemann und denke an den Gott, der kommt, um uns Menschen zu retten, und frage ihn lächelnd: »Du bist die ganze Zeit hier draußen, oder? Du wirfst Bälle an unser Fenster, machst Schneeengel im Garten und lockst und wartest darauf, dass wir rauskommen, um bei deinen Geschichten mitzumachen. Und jedes Mal, wenn ich die Bequemlichkeit und die Bedenken abschüttle, um dir nach draußen zu folgen, dann spüre ich: Hier draußen, hier ist die Luft, die meinen Glauben lebendig macht!«

04

Kaddisch im Februar

Inzwischen ist es Februar. Draußen war es die letzten Tage kalt
und ungemütlich. Heute Morgen
wecken mich die Sonnenstrahlen.
Der Blick nach draußen in unseren
Garten ist aber eher deprimierend.
Karge Äste. Schlammiger Boden.
Vertrocknete Pflanzen vom letzten Jahr. Eine kahle Stelle da, wo
vor einigen Monaten noch unser
Hasenstall stand. Dreckige Gummistiefel auf der Terrasse und ein
modriger Geruch in der Luft. Nein.
Heute hebt die Sonne meine Stimmung nicht. Ihr Licht zeigt
einfach, warum der Februar besser trübe und verregnet sein
sollte. Diese Armseligkeit muss man nicht beleuchten. Seufzend
schenke ich mir die erste Tasse Kaffee ein und halte mich ein
wenig an dem warmen Keramikbecher fest. Und wie so oft in
diesen Tagen wandern meine Gedanken zu den Ereignissen vor
einem Jahr. Was im Februar als schmerzhafte, aber eigentlich
harmlose Rückenverletzung bei meiner Mutter begonnen hatte,
wurde innerhalb weniger Wochen zu ihrem Todeskampf. Mor-
phium, Verwirrtheit mit kurzen, klaren Momenten auf ihrer

Seite. Endlose Autofahrten, Arztgespräche, Erschöpfung, alles geben und doch so viel schuldig bleiben auf meiner Seite. In den Tagen vor ihrem Tod war meine Mutter von einer großen Zuversicht erfüllt. Aber die letzten Stunden waren schwer. »Manchmal bringt Gott seine Kinder im Dunkel ins Bett«[11], sagte der Schweizer Theologe und Schriftsteller Samuel Keller. Genauso fühlte sich der Abschied an. Mir blieb nur noch, sie im Arm zu halten – die Mutter, die *mich* so viel gehalten hatte – und über ihre letzten mühsamen Atemzüge auf dieser Erde zu wachen. Ich vergrub meinen Kopf in ihrem Schoß, der Ort aus dem ich geboren wurde, und spürte, wie der vertraute Körper langsam kalt wurde. Lange saß ich neben ihr und hielt ihre schwieligen Hände. Hände, die so viel gearbeitet hatten, die unzählige Male Essen auf den Tisch gestellt, Pflaster auf Knie geklebt und Tränen abgetrocknet hatten. Hände, die in meiner Kindheit allabendlich segnend auf meinem Kopf gelegen und sich bis zum Schluss treu zum Gebet gefaltet hatten, für mich und viele andere Menschen. Wir begruben ihren Körper neben dem Körper meines Vaters. Asche zu Asche, Staub zu Staub. So endet das Leben. Wir sprachen davon, dass meine Mutter nun bei ihrem geliebten Heiland ist, dass sie nun sehen darf, was sie geglaubt hat. Aber in mich war eine Kälte gekrochen. Und was, wenn nun alles nicht stimmt? Wenn der Tod einfach das Ende und Aus ist? Es war nicht das erste Mal, dass ich einen geliebten Menschen verlor. Und es war auch nicht das erste Mal, dass mich Zweifel überfielen. Zweifel tauchen in meinem Glaubensleben so regelmäßig auf wie lästige Tauben neben der Parkbank. Ich versuche sie einfach nicht zu füttern. Aber dieses Mal war es anders. Ich konnte sie nicht mal eben verscheuchen. Diese Begegnung mit dem Tod hat meinen Glauben tiefer erschüttert als alles zuvor. Vielleicht ist das so, wenn die Mutter stirbt.

Zuerst habe ich kaum gewagt, darüber zu sprechen. Als würde alleine durch das Aussprechen meiner Zweifel noch mehr Hoffnung wegbrechen. Irgendwann saß ich dann doch bei meiner Seelsorgerin. Sie hörte zu. Sie segnete mich. In ihren Worten lag die große Zuversicht, die mir abhanden gekommen war. Ich fühlte mich zurückversetzt in meine Kindheit, wenn ich im Winter von draußen kam und meine Mutter meine kalten Hände so lange rieb, bis sie langsam wieder warm wurden. Ich wärmte mich in der Seelsorge. Ich wärmte mich auch an der Hoffnung meiner Weggefährten, wenn wir Sonntag für Sonntag zusammen die Glaubenswahrheiten aussprachen und sangen, die mir so vertraut waren und die mir doch im Moment so schwer über die Lippen gingen. Und ich wärmte mich an den Worten von dem, der von sich sagt, dass er die Auferstehung ist. Ich las die Kapitel der Jesusgeschichte so, als würde ich sie zum allerersten Mal lesen. Ganz langsam. Hier war sie: die Schönheit meines Glaubens. Und doch wirkte plötzlich alles so seltsam fern. Ich las Abschnitt für Abschnitt mit der drängenden Frage: »Was hast du noch mal gesagt, Jesus? Worauf kann ich wirklich meine Hoffnung setzen?« Und ich fand mich vor der Frage wieder, die Jesus Martha stellte, als sie ihren toten Bruder beweinte: »Wer an mich glaubt, der wird leben, auch wenn er stirbt, glaubst du das?« Sanft und klar klang es: »Christina, glaubst du das?« Seine Frage erhellte mein Inneres wie die Februarsonne. Sie offenbarte die Abwesenheit der kindlichen Zuversicht, die mir irgendwo auf der Strecke abhanden gekommen war.

Wenn mich die vergangenen Monate eins gelehrt haben, dann das: Manches im Leben kann man nicht schnell wegstecken. Manche Zeiten kann man genauso wenig überspringen wie eine ungeliebte Jahreszeit. Man muss sich da durchleben. Und das kann dauern. Denn im Schmerz humpelt die Seele in Schrittgeschwindigkeit. Diese Erkenntnis ist in der jüdischen Glaubenstradition fest verankert. Die ehemals orthodoxe Jüdin Lauren Winner beschreibt, dass Trauern im Judentum wie eine Disziplin ist, zu der man ganz bewusst aufgefordert wird. Das Jahr nach dem Tod eines geliebten Menschen wird als wichtige Zeit wahrgenommen, für die es einen festen Ablauf gibt: »Das

Christentum verfügt über ein hoffnungsvolles und wahres Vokabular für Tod und Auferstehung. Das Judentum jedoch bietet die Grammatik für die Zeit zwischen beidem, für das Trauern nach dem Tod und vor Ostern.«[12]

Da ist zum Beispiel die *Schiwa* nach der Beerdigung. Sieben Tage lang sitzt man schweigend zusammen (wie Hiob und seine Freunde). Essen wird gekocht und vorbeigebracht. Darauf folgen die dreißig Tage nach dem Sterbetag (*Schloschim*). Auch hier ist genau festgelegt, wie der Trauernde sich in der Gemeinschaft verhält. Am ersten Schabbat nimmt er nicht am ganzen Gottesdienst teil. Am zweiten Sabbat ist er dabei, aber er sitzt nicht an seinem gewohnten Platz. Und im gesamten Trauerjahr ist man dazu aufgefordert, täglich das *Kaddisch* zu sprechen. Für dieses Gebet müssen mindestens zehn Erwachsene anwesend sein. Winner schreibt dazu: »Ein Trauernder, der sich ganz für sich alleine ausweinen will, hat bei uns keine Chance!«[13]

Man trauert in der Gemeinschaft. Es ist, als würde man sich mit den anderen im gemeinsamen Gebet die Hände reiben. Erstaunlicherweise besteht das *Kaddisch* aus vier Zeilen Lobpreis. Es gibt natürlich auch viele Klagepsalmen, die dem Schmerz und der Verzweiflung Worte geben. Gott sei Dank dafür! Das *Kaddisch* aber drückt einfach aus, was geglaubt wird. Vielleicht kommt das Herz noch nicht hinterher. Aber ihm wird sanft die Richtung gezeigt.

Der erste Todestag ist dann nochmals ein besonderer Tag des Gedenkens. Jeder gestaltet ihn anders. Sich erinnern, Klagepsalmen rezitieren, dankbar feiern – alles ist möglich, schreibt Winner. Und jedes weitere Jahr danach wird der Todestag – genannt »Jahrtag« – gefeiert (denn das Vermissen hört ja auch nach einem Jahr nicht auf!).

Ich mag diese Tradition, die Raum gibt für Zeiten, in denen unsere Seele schwer hinterherkommt. Die Ja sagt zu Tränen, zu stockenden Gebeten, zu langsamen Schritten, zu Zweifeln und Fragen und der Suche nach dem eigenen Platz. Der Gott der Ewigkeit schenkt uns Zeit. Zeit für diejenigen, die »immer noch nicht drüber weg sind« und für jeden, der das Glaubensbekenntnis heute nicht durchgehend mitsprechen kann. Gott wartet nicht schon in der nächsten Jahreszeit auf uns und wundert sich, wo wir so lange abgeblieben sind. Ich glaube, er setzt sich zu uns, mitten in den kargen Garten unserer Seele, und flüstert uns zu: »Ich bin hier. Nimm dir Zeit. Es ist gut.«

Es braucht Zeit, wenn wir um geliebte Menschen trauern, wenn wir Schmerzhaftes erlebt haben, wenn wir Herzenswünsche loslassen müssen und gute Zeiten an ihr Ende gekommen sind.

Meine Mutter hat – zusammen mit vielen anderen aus ihrer Generation – diese Zeit nie bekommen. Bei allem Schweren, das sie erlebt hat, musste es immer auch gleich weitergehen. Und so hat sie es dann auch an meine Schwester und mich weitergegeben. »Jetzt sind wir aber wieder fröhlich!«, hörte ich sie oft sagen. Meistens viel zu früh. Wenn gerade die ersten Tränen flossen und wir dabei waren, dem Schmerz mutig ins Auge zu schauen. Ich weiß, sie hat es gut gemeint. Und sie konnte uns nicht geben, was sie selbst nie erleben durfte: dass wir die dunklen Tage nicht einfach wegstecken müssen, um weiter zu funktionieren. Dass Zeiten ihren Raum einnehmen dürfen, in denen einem die Kälte in die Knochen kriecht und bei Licht betrachtet alles so karg und leer ausschaut. Jeder Gärtner weiß: Niemals geschieht nichts. Der Februar ist eine wichtige Zeit von verborgenem Wachstum. Floyd McClung sagte einmal in einer Predigt: »If we learn to grieve well, we can grow well.« Was für eine wichtige Erinnerung: Wer dem Trauern in guter Weise Raum gibt, schafft Platz für inneres Wachstum.

Also will ich mich, ganz jüdisch, auf die Disziplin des Trauerns einlassen. Ich will in der Gemeinschaft mit mindestens zehn Erwachsenen meinen Lobpreis singen. Woche für Woche. Gloria dem Gott, der in die tiefen Schichten aus toter, verfallener Erde Samen legt und neues Leben aufbrechen lässt. An der Seite des Auferstandenen enden unsere Geschichten nicht im Februar! Zu diesem Glauben will ich durchdringen wie durch die letzten trüben Tage vor dem Frühling.

Ein Traum

In diesen Februartagen weiß ich noch nicht, dass ich in der Nacht zum »Jahrtag« einen Traum haben werde: Ich laufe an einem großen Hafengelände entlang und plötzlich ist meine Mutter neben mir. Ich freue mich überrascht. Wir reden über ein paar Belanglosigkeiten, was mir wie mein verzweifelter Versuch erscheint, sie zu halten. Währenddessen kommen große Schiffe und Fähren in den Hafen. Meine Mutter sieht immer wieder in einer freudigen Erwartung auf die Uhr. Eigentlich will ich mit ihr noch eine Tasse heiße Schokolade trinken – die hat sie immer so geliebt –, aber sie sagt: »Du, ich muss jetzt los!« Und dann ist sie weg. Und ihre kribbelige Vorfreude, der lebendig-strahlende Ausdruck in ihrem jungen (!) Gesicht wird mich wie getröstet aufwachen lassen. Ja, so wird der »Jahrtag« beginnen. Und nachdem ich das *Kaddisch* gesungen habe, werde ich mit Heio und Samuel Gyros essen gehen, mit Mamas letztem gesparten Geld. Wir werden mit Johannisbeerschorle auf sie an-stoßen, das Autoquartett auf dem Tisch. Mitten im Leben wer-den wir das Leben feiern. Und abends werden wir die alten Fotos anschauen und uns an sie erinnern, dankbar und mit Tränen in den Augen. Es wird ein Tag sein wie das Winken und Rufen hinauf zur Reling, wenn man den geliebten Menschen davon-fahren sieht. Flatterndes Taschentuch im Wind. Es ist an der Zeit loszulassen.

Mach's gut Mama.

Bis wir uns wiedersehen!

· 05 ·

Frühlingswunder

Es passiert mir immer im Frühling. Jedes Jahr sage ich mir: »Dieses Mal! Dieses Mal bin ich dabei!« Ich bewaffne mich mit der Kamera und mache Bilder von den kahlen Bäumen in unserem Garten, an denen schon verheißungsvolle kleine, grüne Knöpfchen zu sehen sind. Diesmal will ich Zeuge sein, wie die Knospen sich entfalten und zu farbigen Blütenblättern werden. Ich will sehen, wie es passiert – wie in einem dieser Zeitraffer-Naturverfilmungen, in denen Kommentatoren mit dunkler Stimme Sätze sagen wie: »Früh am Morgen, bevor sich das junge Wild trifft, um zu äsen, öffnen sich die ersten Blütenblätter im Sonnenlicht.« Und Jahr für Jahr ist es dasselbe: Ich schaue einmal kurz nicht hin und schon steht er da – der Baum in seiner ganzen Blütenpracht. Als hätte der Schöpfer eine diebische Freude daran, mich mit dem Frühling zu überraschen.

In diesem Jahr hatte ich allerdings wenig Zeit, um im Garten auf der Lauer zu liegen. Mich hat viel zu sehr der Immobilienmarkt beschäftigt. Wir suchen nämlich ganz dringend eine neue Wohnung. Zum einen aus Platzmangel – das Kinderzimmer auch als Büro für Heio zu nutzen, gestaltet sich zunehmend schwierig –, zum anderen erleben wir eine schwer auszuhaltende Situation in unserem Haus (aber davon später mehr). Also sind wir auf Haussuche. Was in Stuttgart ungefähr so ist, als würde man sich ein neues, zeitraubendes Hobby zulegen. Dieses Hobby wird von so vielen Menschen in unserem Umfeld so verzweifelt betrieben, dass ich finde, man sollte anonyme Selbsthilfegruppen für Wohnungssuchende starten. Man könnte sich dort gegenseitig gestehen, dass man wieder stundenlang auf Immoscout gesurft hat und abends weinend an schönen Häusern vorbeigewankt ist, die man sich NIEMALS wird leisten können, und wie man versucht, ihre Bewohner nicht zu hassen.

Eine Haussuche ist wirklich ein Abenteuer besonderer Art. Wenn man das Glück hat, einen Besichtigungstermin zu bekommen, steht man da und reibt sich staunend die Augen: Die Fotos auf der Anzeige wurden tatsächlich hier gemacht? Dieses Bildbearbeitungsprogramm muss ich haben! Der Nebenraum entpuppt sich als Wandschrank, mit der »romantischen Atmosphäre« ist ein alter Ölofen gemeint und der »weitläufige Garten« ist ein Feldstück am anderen Ende vom Ort. Erstaunlicherweise finden sich immer verzweifelte Menschen, die den Preis nach oben treiben, um dann eine renovierungsbedürftige Vier-Zimmer-Wohnung für eine halbe Million Euro ihr Eigen nennen zu dürfen. Ich übertreibe kaum. So sieht das im Moment in Stuttgart aus.

Nach einem halben Jahr intensiver Suche und noch intensiverem Beten sind wir schon ganz schön fertig mit den Nerven. Und dann ist es wie mit den Blüten in unserem Garten: Gefühlt einmal kurz den Rücken zugedreht und plötzlich steht es da, das Wunder in seiner ganzen Pracht. Frühlingsluft! Neubeginn! Wir laufen staunend durch eine Wohnung, für die wir den Besichtigungstermin fast abgesagt hätten, weil sie so gar nicht in unser Raster passte: kein altes Häuschen. Zu weit draußen.

Und dann stehen wir im Hausgang den wunderbaren Besitzern gegenüber und ahnen, dass es passen könnte (auch sie hatten im Vorfeld dafür gebetet!). Innerhalb kürzester Zeit lösen sich alle Fragen auf: Würden die Besitzer unser Preisangebot annehmen? Würde die Bank uns einen Kredit geben und sich nicht lachend den Bauch halten angesichts unserer monatlichen Einnahmen? Wäre der Weg zur Gemeinde auch unter den 30 Minuten Fahrzeit, die wir uns als Grenze gesetzt hatten? Ja. Ja. Ja. Hier war es. Mein Wort für dieses Jahr. Ein Ja für uns. Offene Türen. Ein Wunder in Zeitraffergeschwindigkeit. Ich schaue immer wieder staunend die Fotos auf meinem Handy an, die ich bei der Wohnungsbesichtigung gemacht habe und kann es immer noch kaum fassen.

Ein ähnliches Staunen überfällt mich in diesem Frühling, wenn ich unsere Gemeinde betrachte. Die »Bilder« sind hier vielleicht weniger spektakulär als die unseres Wohnungswunders. Aber sie sind mindestens ebenso ersehnt. Ich staune darüber, wie sich diese kleine Familie, zu der ich nun schon so lange gehören darf, Sonntag für Sonntag voller Freude am Frühstückstisch versammelt – und das nach einigen Jahren, die, vorsichtig ausgedrückt, nicht so voller Freude waren. Wo auf dem Buffet vor nicht allzu langer Zeit nur ein trockener Hefezopf einsam und allein sein Dasein fristete, steht nun ein kulinarisches Festmahl, dessen Anblick meine Frühjahrsmüdigkeit auf einen Schlag vertreiben kann! Was mich zu der theologischen Erkenntnis gebracht hat, dass Gottes Wirken und gutes Essen im direkten Zusammenhang miteinander stehen (habe ich schon erwähnt, dass Essen meine Liebessprache ist?).

Aber es ist nicht nur das Buffet: Ich sehe, dass wir dabei sind zu lernen, einander im Gebet durch schwere Zeiten zu begleiten. Ich sehe, dass unsere Gemeindeversammlungen nicht mehr im Streit enden, sondern dass wir aufeinander hören und einmütige Entscheidungen treffen lernen. Ich sehe, dass wir hinter dem Rücken der anderen gut übereinander reden und wie wir alle zusammen nach dem Gottesdienst den Dreck wegräumen und dabei nicht mal schlecht gelaunt sind. Ich sehe, dass ein Alkoholiker heute nicht zur Flasche greift, obwohl er mit seiner Familie durch eine richtig schwere Zeit geht. Ach, ich sehe so vieles. Und natürlich auch so manches, was nicht gut ist. Aber das Gute überwiegt ungemein. Und ich frage mich: Wann ist das denn passiert? Das ist ein bisschen so wie in den Momenten, wenn man das eigene Kind betrachtet und fragt: »Wann, um alles in der Welt, bist du denn so groß geworden?« Wann ist aus dem kleinen anfälligen Gewächs ein Baum geworden, der den Stürmen des Lebens trotzt und aus dessen wunderlich knorrigen Ästen Jahr für Jahr kleine neue Blüten aufbrechen?

In einem Gemeindesaal sah ich einmal diesen Schriftzug an der Wand: »Ich werde meine Gemeinde bauen – und ihr werdet meine Zeugen sein.«[14] Das finde ich eine wunderbare Zusammenfassung von dem, was Gott tut, und dem was wir tun. Gott wirkt seine Wunder. Er bringt Leben hervor. Und wir? Wir sind dazu berufen, Zeugen zu sein, zu berichten, was wir gesehen haben. Staunend, mit Fotoapparat in der Hand. Und jedem der es sehen will, oder auch nicht, halten wir die Fotos – Panoramabilder und Nahaufnahmen – unter die Nase und sagen: »Schau her! Unser Schöpfer, ist er nicht wunderbar?!«

Als Samuel gerade erst angefangen hatte zu laufen, da stolperte er jauchzend den Gehsteig entlang. Vor jeder kleinen Blume hat er sich niedergekniet. Jeder Autoreifen wurde ausgiebig bestaunt. Jeder Käfer durfte eine Runde über seine Handfläche laufen, bevor Samuel testete, ob dieses leuchtende Kerlchen auch schmeckte. Ich habe so viele Bilder, wie er einfach nur dasteht und staunt. Und wie oft habe ich ungeduldig an seinem Arm gezogen und bis drei gezählt, weil doch noch so viel Wichtiges zu erledigen war. Aber ab und zu habe ich mich neben ihn gekniet und mit ihm gestaunt: »Wow, wie schön! Das hätte ich fast übersehen!« Kleine Kinder haben eine grandiose Fähigkeit dafür, Zeugen zu sein. Denn – das weiß ich von meinen langjährigen Studien des »Tatort« – die besten Zeugen sind diejenigen, die genau hinschauen! Omas, die am Fenster stehen und die Straße im Blick haben. Menschen, die ganz in der Gegenwart leben, aufmerksam beobachten und das Gesicht der Verkäuferin nicht schon wieder vergessen haben, bevor sie aus dem Laden stürmen.

Jahr für Jahr bringt der Frühling für mich diese Aufforderung mit: genau hinzuschauen und Zeuge von Gottes Wundern zu werden. Den Schritt zu verlangsamen und ein bisschen Zeit zum Staunen einzuplanen. Und wie ein kleiner, dickköpfiger Dreijähriger will ich mich weigern, wenn das Leben mich zu schnell von den Wundern wegziehen will. Der Frühling erinnert mich daran, auf Gottes Hände zu achten. Er ist »FoMo« im besten Sinne: *Fear Of Missing Out* – die Befürchtung, etwas zu verpassen. Nicht mitzubekommen, was Gott jetzt gerade tut. Ich will gespannt in seine Richtung schauen! Das Leben kann gern schon mal ohne mich weitergehen. Und wenn es sich ungeduldig umdreht, soll es mich dabei beobachten, wie ich staunend auf die Knie gehe und rufe: »Schaut her, was unser Gott tut!

Er tut Wunder! Er lässt wachsen und Leben aufbrechen aus tot geglaubter Erde. Und er schenkt Räume, in denen wir dieses Leben feiern können. Ich bin sein Zeuge!«

. . . .

»Wir können Gottes Gegenwart ignorieren, niemals aber ihr entgehen. Die Welt ist voll von ihm. [...] Die wahre Anstrengung ist die, gegenwärtig zu sein. Oder eher noch: zu erwachen. Oder vielmehr: wach zu bleiben.«

C. S. LEWIS[15]

· 06 ·

Brotkrümel und Fischgräten

Es ist die Zeit kurz vor den Osterferien. Vor einigen Tagen habe ich eine kleine Lesereise beendet. Lesungen sind spannend. Oft kenne ich die Menschen vor Ort nicht. Meistens werde ich von jemandem eingeladen, der mein Buch oder Texte auf meinem Blog gelesen hat. Wir müssen dann kein Erkennungszeichen verabreden. Der andere hat genug Bilder von mir über das Internet gesehen, um mich problemlos zu erkennen. (Wobei mir einfällt: Ich muss dringend mein Profilbild aktualisieren! Ich sehe darauf noch viel jünger aus. Den schmerzhaften Satz »Ich hab mir dich ganz anders vorgestellt«, will ich lieber nicht hören …)

Ich versuche immer, ein bisschen vor Veranstaltungsbeginn einzutreffen. Manchmal reicht es noch für einen Kaffee mit den Gastgebern oder wenigstens für ein paar persönliche Sätze und ein kurzes Gebet für den Abend. Hier bekomme ich auch etwas davon mit, wie liebevoll die Veranstaltung vorbereitet wurde. Oft erfahre ich ein wenig über die Geschichte vor Ort und ich spüre neben der Aufregung und Vorfreude auch die Erwartung, die an den Abend geknüpft wird. Das ist dann der Moment, in dem mein Inneres in leichte Panik gerät und ich anfange, wie eine besorgte Hausfrau, die unerwartet eine Gästegruppe bekochen soll, aus jeder Ecke alles hervorzukramen, was ich anzubieten habe. Nur um leicht panisch festzustellen: Wie soll das denn bitteschön reichen? Hilfe! Was habe ich mir nur dabei gedacht, diesen Abend zuzusagen? Was diese Leute brauchen, ist eine wirklich faszinierende Autorin mit klugen, schlagfertigen Antworten und einer ganz außergewöhnlichen Geschichte mit Erweckungen in Afrika (ich war noch nie in Afrika!) oder wenigstens erstaunlichen, neuen Gedanken und ... »... und vor allem«, ergänzt dann eine sanfte Stimme in mir, »eine Begegnung mit Jesus.« Und das ist der Punkt, an dem ich wieder klar im Kopf werde. Ich sage mir: Genau darum geht's! Und so eine Begegnung kann ich nicht machen, egal, ob ich in Afrika war oder nicht. Sie wird uns geschenkt.

Hans Peter Royer hat einmal die beruhigenden Worte gesagt: »Glauben heißt: Gott etwas tun lassen!«[16] Ihn etwas tun lassen für mich. Und auch durch mich. Dieser Gedanke erfüllt mich mit großer Freude: dass es tatsächlich so ist, dass das Gelingen des Abends nicht wirklich an mir hängt! Ich darf geben, was ich habe. Das fühlt sich meistens nicht nach viel mehr an als nach ein paar Brotkrümeln neben abgenagten Fischgräten. Meine Hoffnung liegt darin, dass Jesus auftaucht und uns damit satt machen kann.

Mir hilft es, wie ehrlich der wunderbare Schriftsteller Adrian Plass über seine Selbstzweifel schreibt und darüber, wie frustriert er davon ist, dass sein Leben oft weit hinter seinen Worten hinterherhinkt. Und er meinte, Gott dazu sagen zu hören: »Ok, dann geh in eine Ecke und sag dir selbst, wie unnütz und verdorben du bist, wenn dir das was bringt. Bemitleide dich selbst, so viel du willst. Geißle dich selbst halbtot. Aber wage es nie, niemals zu verachten, was ich durch dich tue, denn das ist etwas ganz anderes!«[17] Was für ein befreiender Gedanke! Gott tut etwas durch mich, das so ganz unabhängig von meinen (vermeintlichen) Stärken und Schwächen ist! Und tatsächlich war eine meiner bisher schönsten und vielleicht auch wirkungsvollsten Lesungen an einem Tag, an dem ich todmüde aufgewacht war, vergessen hatte, in der Bibel zu lesen und erst kurz vorher daran dachte, noch mal für die Menschen vor Ort zu beten. Trotz allem war ich erfüllt von einer heiteren Vorfreude, was Gott wohl tun würde. Nicht dass das nun mein Erfolgsrezept wäre – kein Bibellesen und immer vorher die Nächte durchmachen –, aber ich glaube, Gott schenkt solche Erfahrungen, um mir das *ganz andere* zu verdeutlichen, das er durch uns tun kann. Und manchmal lässt er mich ein wenig davon spüren – in kleinen Momenten zwischen ganz gewöhnlichen Sätzen, wenn mein Herz plötzlich schneller schlägt und ich hellwach und lebendig werde, weil ich spüre: Er tut hier gerade etwas. Und wenn Jesus die Ärmel hochkrempelt und etwas aus seinen Händen an uns weitergibt – ach, das ist einfach das Aller-aller-Beste!

Aber diese heitere Gelassenheit während der Lesung stellt sich nicht immer ein. Einmal war ich so sehr auf die kritisch schauende Person in der ersten Reihe fixiert, dass ich alles versuchte, um ihr wenigstens ein Lächeln abzuringen – was mir bis zum Schluss nicht gelang. Schweißgebadet beendete ich die Lesung, nur um von genau dieser Person zu hören: »Vielen Dank! Das war genau das, was ich hören musste.« Mannomann. Man kann schon ganz schön durcheinanderkommen, wenn man zu sehr auf die Reaktionen der Zuhörer schaut und zu wenig in Gottes Richtung.

Und manchmal schaue ich auch zu sehr auf mich selbst. Zugegeben: ein bisschen öfter als manchmal. Nach einer der letzten Lesungen war ich am Ende ziemlich verunsichert. Es war eigentlich ein ganz schöner Abend gewesen, wie ich fand (nur dass der Abend ja nicht für mich war, haha ...). Ich hatte ein bisschen von unserer Gemeindegeschichte erzählt und dank der Vorschläge der wunderbar kreativen Gastgeberin hatte ich sogar einige Requisiten dabei, mit denen ich meine Geschichte noch eindrücklicher machen konnte: Müllsäcke verdeutlichten das Aussortieren unserer Gemeinde. Einen roten Teppich wurde ausgerollt und ein Esstisch samt Kerzenleuchter auf die Bühne getragen. Dann wurde das Licht ausgeknipst und im Kerzenschein las ich etwas über die dunklen Nächte, in die wir als Jesusnachfolger geraten können. Die Stelle, an der ich das Kreuz hinter mir mit einem Baustrahler beleuchten wollte, kam zwar nicht ganz auf den Punkt, weil ich im Kerzenschein vergeblich nach dem Lichtschalter suchte (ich konnte mir ein Schimpfwort gerade noch verkneifen!). Aber dann lief alles wieder nach Plan und während ich von den kleinen Auferstehungszeichen unserer Gemeinde las, fuhr die Beleuchtung im Saal – dank Hausmeisterin und vorhandenem Dimmer – langsam wieder hoch. Ich blinzelte zur Uhr und sah erstaunt, dass ich nicht mal eine Stunde für das ganze Theater gebraucht hatte. Aber ich war nun mal schon am Ende. Was soll man der Auferstehung noch hinzufügen? Und so gingen die leicht überraschten Zuhörer früher als erwartet zu Sekt und Häppchen über. Ich verabschiedete mich schon bald, weil noch eine weite Rückfahrt vor mir lag.

Und während ich so im Dunkel dahinfuhr, das Autoinnere still wie eine Raumkapsel, kamen die alten Bekannten um die Ecke: meine zweifelnden Gedanken. Tauben auf Futtersuche. War es nicht insgesamt ein bisschen zu wenig von allem? Hätte ICH nicht mehr machen sollen? Sollte ICH zukünftig den Abenden mehr Dramatik geben? Sollte ICH nicht dringend noch ein bisschen abnehmen und insgesamt beeindruckendere Inhalte bringen? Während sich eine ganze Schar von Zweifeln in mir breit machten, hörte ich die freundliche Stimme in mir, von der ich einfach hoffe, dass es Jesus ist: »Christina, glaubst du denn, dass ich genug bin?« Und plötzlich wurden die aufgeregt flatternden Gedanken ganz zahm und still. Ich schaute weg von mir und auf den Gott, dem ich folgen will, und erinnerte mich daran: Die Kraft des Evangeliums liegt nicht in meinem gekonnten Auftritt!

Die Kraft liegt in einem rauen Kreuz. In einem Gott, der blutet und stirbt und aufersteht. Und dieser Auferstandene macht sich nicht auf den Weg, um im Tempel eine beeindruckende Rede zu halten oder bei Pilatus ein bisschen die Wände wackeln zu lassen. Er macht am Strand vom See Genezareth ein kleines Lagerfeuer, um für seine Jungs Frühstück vorzubereiten und ihnen zu sagen, dass er sie lieb hat und mit ihnen ist, auch wenn sie gerade total versagt haben. Die Kraft seiner Nachfolger liegt nicht in charismatischen Menschen oder begabten Musikern und Shows mit Nebelmaschinen und Lichteffekten. Auch wenn wir manchmal geneigt sind, das zu glauben. Die Kraft des Auferstandenen zeigt sich in Menschen, die zusammen frühstücken und versuchen, Jesus zu vertrauen und die einander lieb haben, auch wenn ihnen das manchmal verdammt schwerfällt. Die Kraft des Evangeliums liegt in einfachen Worten, in liebevoll gesprochenen Gebeten und in Menschen, die es miteinander im Dunkel aushalten und gemeinsam nach dem Lichtschalter suchen. Die Kraft der Kirche liegt in den Menschen, die bereit sind, für Jesus den roten Teppich auszurollen, und die dann ein bisschen zur Seite treten können und nicht verzagen, wenn ihre Abende zu früh enden und sie die besten Zitate noch gar nicht sagen konnten.

Jesus ist immer und in jeder Situation genug! Darauf will ich vertrauen. Auch im Angesicht meiner Zweifel. Es hängt letztlich immer an ihm! Und auch ich hänge immer an ihm. So viel ist klar. Und deshalb ist es auch nicht so wichtig, ob ich ein paar Krümel mehr oder weniger hinlege. Manchmal bin ich wie ein kleines Kind, das an der Kasse ganz stolz immer noch ein Centstück mehr aus dem Geldbeutel fischt, während allen anderen schon klar ist, dass es niemals reichen wird. Jesus steht dann ganz entspannt hinter mir, um den fehlenden Restbetrag dazuzulegen (und wir reden hier nicht von Pfennigbeträgen!).

Ich brauche diese Erinnerung, immer wieder: Das Entscheidende kommt nicht von mir. Das Entscheidende macht Jesus. Das gilt für Lesungen ebenso wie für den ganzen Rest meines Lebens. Und während ich ganz langsam versuche, diese wunderbare Tatsache zu begreifen, erfüllt sie mich zunehmend mit gespannter Freude: Was Jesus wohl aus dem macht, was wir ihm heute hinhalten?!

. . . .

Kleine Fische

»Als Jesus aber seine Jünger herangerufen hatte, sprach er: Ich bin innerlich bewegt über die Volksmenge, denn schon drei Tage harren sie bei mir aus und haben nichts zu essen; und ich will sie nicht hungrig entlassen, damit sie nicht auf dem Weg verschmachten. Und seine Jünger sagten zu ihm: Woher nehmen wir in der Einöde so viele Brote, um eine so große Volksmenge zu sättigen? Und Jesus spricht zu ihnen: Wie viele Brote habt ihr? Sie aber sagten: Sieben und wenige kleine Fische. Und er gebot der Volksmenge sich auf die Erde zu lagern. Er nahm die sieben Brote und die Fische, dankte und brach und gab sie den Jüngern, die Jünger aber gaben sie der Volksmenge. Und sie aßen alle und wurden gesättigt; und sie hoben auf, was an Brocken übrig geblieben war, sieben Körbe voll. Die aber aßen waren viertausend Männer, ohne Frauen und Kinder.«
MATTHÄUS 15,29–39

07

Geschichten am Abend

Eben habe ich mich am Kinderzimmer vorbeigeschlichen, um meinen Computer zu holen. Heio hat sich neben Samuel aufs Bett gelegt und erzählt ihm die Geschichte vom Abendmahl. Passenderweise. Denn heute ist Gründonnerstag. Ich höre die ruhige Erzählstimme meines Mannes, immer wieder unterbrochen von Samuels heller Stimme: »Ich weiß! Und dann? Was ist dann passiert?« Er liebt Geschichten. Und ich liebe es, ihm Geschichten vorzulesen. Die Wörter in unseren Köpfen werden dann zu farbigen Bildern. Eugene Peterson sagte einmal, dass unsere Vorstellungskraft das Trainingsgelände für den Glauben ist.[18] Das gefällt mir. Wir üben uns darin, mit unserem inneren Auge Dinge zu betrachten, die wirklich und wahr sind. Wir lernen die Wirklichkeit der Dinge, die man nicht sieht. Und das nennt man Glauben.[19] Also lesen wir. Alle möglichen Geschichten.

Samuel liebt zur Zeit die Geschichten von Räuber Hotzenplotz, Michel aus Lönneberga, dem König von Narnia (geschrieben von dem Mann, der angeblich gesagt hat, dass Märchen seine Vorstellungskraft getauft haben!), von Ben und Lasse, David und Goliath und Jesus. Bei dieser Auflistung drängt sich mir sofort das Bedürfnis auf, die erfundenen von den echten Geschichten zu trennen. Aber Kindern ist das erst mal gar nicht so wichtig. Eine gute Geschichte ist eine gute Geschichte. Wenn ich es mir genau überlege, dann haben die guten Geschichten, die den Sohn und mich gleichermaßen in ihren Bann ziehen, vieles gemeinsam: eine schwierige Situation, die es zu überwinden gilt, und ein Held, dem unsere Herzen zufliegen. Man fiebert mit und hofft, dass am Ende die Bösen hinter Gitter landen und das Gute siegt. Und Hollywood verdient mit unserer Sehnsucht nach diesen Geschichten Milliarden im Jahr! Man kann natürlich stattdessen auch intellektuell anspruchsvolle Filme anschauen, in dem sich am Ende alle umbringen – ich für meinen Teil liebe einfach die Geschichten, die gut ausgehen.

Ich besaß einmal ein Jugendbuch, in dem das Mädchen, das mit Schwierigkeiten an ihrer Schule kämpfte, einen Selbstmordversuch unternahm. Das Buch endete mit dem Telefonat ihres Freundes, der sich bei der Krankenschwester erkundigte, ob sie überlebt hatte oder nicht. Diese Frage war tatsächlich das Ende des Buches! Wie unverschämt ist das denn? Ich blätterte fassungslos bis zur letzten leeren Seite, suchte nach Anhaltspunkten, nach kleinen Hinweisen, dass sich alles gut auflösen würde. Vergeblich! Also tat ich, was getan werden muss, wenn man Teenager ist und ungeklärte Geschichten nicht ertragen kann: Ich schrieb die letzten notwendigen Sätze, um die Geschichte gut ausgehen zu lassen. Zugegeben: Ein Ende, das man sich selbst ausdenkt, ist nicht wirklich befriedigend. Aber es ist besser als die leeren Seiten, die meiner lebhaften Fantasie Raum für alle Schreckensszenarien gegeben hätten.

Vielleicht hat mich das letztlich dazu gebracht zu schreiben: dass ich offene Enden so schlecht ertragen kann. Und es ist die unstillbare Hoffnung in mir, dass die kleinen wie die großen Kämpfe in unserem Leben nicht unwichtig sind und am Ende die Liebe und Gerechtigkeit den Sieg davon tragen werden! Ich meine, es war Anne Lamott, die gesagt hat: »Wir müssen hören, dass wir nicht alleine sind und dass am Ende alles gut wird.« Diesen Trost suche ich nicht nur zwischen zwei Buchdeckeln. Oft greife ich vor dem Einschlafen nach Heios Hand und frage ihn: »Wird auch alles gut werden?« Und er drückt mir tröstend und schlaftrunken die Hand und sagt: »Ja. Am Ende wird alles gut!« »Versprochen?« Ich muss das immer wieder hören.

Die leider viel zu früh verstorbene Schriftstellerin Rachel Held Evans schrieb in ihrem letzten Buch, dass zur Kirche Jesu nicht in erster Linie diejenigen gehören, die das Richtige für wahr halten, sondern diejenigen, die in dieselbe Geschichte verwickelt sind – mit Jesus als Hauptfigur.[20] Und das ist es, wovon ich zutiefst überzeugt bin: Unser Glaube ist die Einladung, in der größten und besten Geschichte dieser Welt zu leben. Und jedes Jahr an Ostern erlebe ich diese Geschichte wieder neu:

Am Donnerstagabend suche ich mir meistens einen Ort, an dem das Abendmahl ausgeteilt wird. Ich setze mich in diese Kirche neben fremde Menschen und erinnere mich daran, dass diese Tafel groß ist, viel größer als der Tisch meiner kleinen Gemeinschaft, und dass die unterschiedlichsten Menschen daran Platz nehmen. Alle Hungrigen sind eingeladen! Ich gehe innerlich auf die Knie und flüstere meinen Dank. Es ist, wie die alten Heiligen gesagt haben: »Unser Verstand kann Gott nicht fassen. Nur unser Herz.« Das Abendmahl ist für mich der mystische Teil der Geschichte. Eine Tafelrunde, die sich an unschuldig vergossenes Blut erinnert. An bitteren Wein, Heilmittel und Vorgeschmack auf ein Fest, das kommen wird. Dieser Abend ist für mich die geheimnisvolle Schwelle zum Karfreitag. Dem Tag, an dem unser Gott gefoltert wurde und starb. An diesem Tag treffe ich mich Jahr für Jahr auf einem ganz gewöhnlichen Parkplatz mit meinen Weggefährten. Wir gehen gemeinsam einen kleinen, steilen Weg den Berg hinauf, zur höchsten Erhebung vor unserer Stadt. Zwischen Trümmern des Zweiten Weltkriegs

und Fassadenresten steht hier ein großes Kreuz. Dort lesen wir die Freitagsereignisse, die auf dem anderen Hügel passiert sind. Da, wo der Schutt der ganzen Welt abgeladen werden kann. Es ist ein entscheidendes Kapitel meiner Geschichte, auch wenn ich erst viele Kapitel später darin auftauche. Zusammen mit meinen Weggefährten glaube ich die Worte aus dem alten Kirchenlied: »Er hat dann auch an mich gedacht, als er rief: Es ist vollbracht!«[21] An diesem Tag, vor über 2000 Jahren, fiel auch irgendwann mein Name. Und deiner. Alle Namen dieser Welt. Für uns vollbracht. Hier ist Gottes Ja zu uns in Jesus! Alle Trümmer dürfen hier abgelegt werden. Jeder Schmerz. Die größten Brocken meiner Schuld. Es ist so unendlich viel Platz unter diesem Kreuz.

Wir singen ein paar Lieder unter den erstaunten Blicken der Ausflügler. Manche von uns fasten an diesem Tag. Ich halte es meistens gerade so bis nach unserem Ausflug aus. Damit Mutti nicht verhungert, fahren wir auch immer schnell nach Hause. Und dann: Karsamstag. Zwischentag. Zeit zwischen Tod und Auferstehung. Am liebsten würde ich diesen Teil schnell überblättern und gleich zum guten Ende kommen. Aber es geht nicht. Es gibt diese Zeit, in der wir das Dunkel erdulden müssen. Die offenen Fragen. Die losen Enden von Geschichten, die wir (noch) nicht begreifen. An diesem Tag mach ich einfach das, was ich an so vielen Samstagen im Jahr mache: Ich putze die Wohnung, backe Brot für den Sonntag, streite mit dem Kind, bin ungeduldig mit dem Mann und dann entschuldige ich mich wieder. Alles schön der Reihe nach. Ich erledige diese gewöhnlichen Tätigkeiten und erinnere mich daran, dass sie auch dazugehören. In einer guten Geschichte ist jeder Abschnitt von Bedeutung, mag er uns noch so belanglos und unscheinbar vorkommen. Sogar die Leerzeichen sind an der richtigen Stelle.

Und dann kommt er – der Ostermorgen! In meinem Heimatort brechen die Posaunenbläser vor Tagesanbruch zum Friedhof auf. Und dort neben dem Hügel, unter dem die Körper meiner geliebten Menschen begraben liegen, stimmen sie beim ersten Sonnenstrahl das Halleluja an. Wo, wenn nicht auf dem Friedhof, wäre am Ostermorgen der richtige Ort für ein Halleluja? Mich führt mein Weg aber meistens in das alte, abrissreife Gemeindehaus, in dem wir das Jahr über unsere Gottesdienste feiern. Ich bringe einen Strauß Osterglocken mit, zünde Kerzen an und schmücke die Tafel für unseren Osterbrunch. Lissy wird hoffentlich das gebackene Osterlämmchen mitbringen, Heidi den leckeren Eiersalat, Andrea ihre Scones und Jörg seinen genialen Hefezopf – ganz viele tragen etwas zur Festtafel bei. Oft tauchen Familienmitglieder auf, die man sonst das ganze Jahr wenig sieht. Sie gehören auch dazu. Alle haben in dieser Geschichte Platz. »Jeder bekommt seine eigene Auferstehung!«, schreibt Winn Collier.[22] Wir verlängern die Tafel, kochen noch eine Kanne Kaffee und dann lesen wir die alten Worte. Wir ahnen: An Ostern ist alles möglich. Wir stehen neben den Frauen vor dem weggerollten Stein, mit ihrem überraschten Staunen und der wilden Freude. Sonnenaufgang über einem leeren Grab.

Wir können träumen. Hoffen. Unserer Vorstellungskraft Flügel verleihen. Trainingstag des Glaubens. An Ostern hat Gott sozusagen die letzten notwendigen Sätze geschrieben, um unsere Geschichte gut ausgehen zu lassen. Der Tod hat nicht mehr das letzte Wort! Und alle, die ihr Leben diesem Auferstandenen anvertrauen, dürfen nach Hause kommen, an seinem guten Reich mitbauen und einer großen Zukunft entgegen leben! Diese große Erlösungsgeschichte Gottes mit uns Menschen schenkt uns die passende Landschaft zu dieser Sehnsucht, die in uns gelegt wurde. Dieser Sehnsucht, dass am Ende das Gute siegt und die Dinge, die geraubt wurden, wieder zurückerobert werden. Heimkehr. Versöhnung und Festschmaus. Wiederherstellung und Sieg der Gerechtigkeit!

Es ist die beste Geschichte, die ich kenne. Es ist die Geschichte, die alle anderen guten Geschichten mit einschließt. Jene Märchen nämlich, die – wie C. K. Chesterton sagte – uns nicht nur sagen, dass Drachen existieren, sondern auch dass sie besiegt werden können! Jene Romane, in denen die Liebe triumphiert, und die Fabeln, in denen ein Königreich hinter dem Kleiderschrank wartet. Alle Erzählungen ergießen sich wie Gebirgsbäche in die gewaltige Tiefe dieser einen großen und wunderbaren Geschichte, in die wir eingeladen sind wie in eine weite Umarmung. Alle Tage unseres Lebens dürfen hier ihren Platz finden.

Ebenso alle unsere Geschichten – so unterschiedlich sie auch sein mögen.[23] Und jeder Satz, jedes Kapitel flüstert uns zu: »Du bist nicht alleine. Und am Ende wird alles gut.«

Hier finde ich die Schönheit meines Glaubens. Mit den Jahren wird so manches unwichtiger für mich. Diskussionen um irgendwelche Richtigkeiten machen mich nur noch müde. Aber diese große Geschichte der Erlösung, die jeder in seiner eigenen Handschrift schreiben darf, wird immer schöner und faszinierender. Allem voran der wunderbare Held der Geschichte. Jesus. Mein Jesus. Unser Jesus. Seine Geschichte mit seiner Welt. Selig, wer diese Geschichte erzählt bekommt. Selig, wer sich einladen lässt, sein Leben darin zu bergen. Lasst uns nicht müde werden, sie zu erzählen auf alle Arten und Weisen, zu allen Zeiten. Erzählen wir sie unseren Kindern am Abend und den Kranken und Hoffnungslosen in der Nacht. Erzählen wir sie den Schuldbedrückten und denjenigen, die meinen, dass es keine größere Geschichte gibt als ihre eigene. Hören wir sie jedes Jahr aufs Neue! Bitten wir den Geist Gottes, die heilige Vorstellungskraft, uns immer wieder neu unseren Platz darin zu zeigen. Sie ist – wie Rachel Held Evans es sagte – »eine Erzählung, für die ich es riskieren würde, falsch zu liegen«.[24] Eine Geschichte, »die zu schön ist, um nicht wahr zu sein!«[25]

In keiner anderen würde ich mein Leben lieber verbringen.

. . . .

»Gemeinschaft ist kein Wort, sie ist eine Geschichte. Alleine sind wir keine Geschichte.«
EUGENE PETERSON[26]

08

Der Sammler

Ganz langsam wächst unser Frühlingswunder hinein in die Realität unseres Alltags. Es wird noch ein bisschen dauern, bis wir unser neues Zuhause beziehen, aber ich versuche, die Zeit zu nutzen, um mal so richtig auszumisten. So ein Umzug bringt die Gelegenheit mit sich, durch die verschiedensten Schränke zu räumen, Dinge zur Seite zu schaffen und in staubig wüste Landschaften vorzudringen, von denen man gar nicht wusste, dass sie existieren. Mein Haus soll leer werden!

Also sortiere ich aus, was das Zeug hält. Das ist ganz schön ermüdend. Gestern war ich so erledigt, dass ich gegen Mittag, als Samuel aus der Schule kam, kaum noch aufrecht stehen konnte. Das Kind, energiegeladen wie immer, warf seinen Ranzen mit der üblichen Frage in die Ecke: »Und? Was machen wir heute?« Als Mutter, die sich heldenhaft versucht, dem Trend der Dauerbespaßung für Kinder zu widersetzten versuche ich darauf mit einem gelassenen «Nichts!» oder »Schauen wir mal!« zu antworten. Heute sage ich, dass wir eine richtig lange Ausruh-Zeit machen und er neben meinem Bett spielen darf, was er will, solange er leise ist. Hoffen darf man ja. Mit mäßiger Begeisterung trottet er nach dem Mittagessen hinter mir her ins Schlafzimmer. Neben dem Bett liegt eine Tüte, die ich im Keller gefunden habe. Neugierig wird sie nun vom Sohn inspiziert. Es gelingt mir kurz, die Augen zu schließen, da reißen mich seine Freudenschreie wieder aus dem Halbschlaf: »Juchuh! Juchuh! Euch habe ich so vermisst!« Am Boden der Tüte hat er tatsächlich einen Schatz gefunden. Eine Handvoll alter, halb kaputter Autos, die er schon lange gesucht hat (und die ich eigentlich wegwerfen wollte!). Jedes weitere Fahrzeug löst neue Begeisterungsstürme aus. Es ist so eine Freude, ihn dabei zu beobachten, dass ich ganz vergesse, dass eigentlich ruhiges Spielen auf dem Programm stand (aber wie soll man sich, bitte, auch leise freuen?!). Samuel ist selig. Eine spontan entstandene Autoparade fährt hupend und feiernd an meinem Bett vorbei, nicht ohne dass mir ihr Besitzer sämtliche Infos zu Geschwindigkeit, Zahl der Umdrehungen und Zylinder dazu gibt. Mein Interesse ist mäßig, aber was soll's – der Nachmittag ist gerettet. Die Autos werden ihn in der nächsten Stunde beschäftigen und ich kann mich nach einer starken Tasse Kaffee wieder ans Ausräumen begeben.

Jetzt ist der Kleiderschrank dran. Vielleicht versuche ich es hier mit der Marie-Kondo-Methode? Soweit ich das verstanden habe, nehme ich jedes Teil in die Hand und frage mich: Macht es mich noch glücklich? Wenn ich die Frage mit Nein beantworte, bedanke ich mich artig für die gemeinsame Zeit und lege das gute Stück, das leider keinen Freudenfunken mehr auslöst, auf den Berg der Dinge, die wegkönnen.

Neulich stand meine Freundin Sally strahlend vor der Tür, nachdem sie die Kleiderschränke ihrer Zwillinge – ein Junge und ein Mädchen – im Stil von Marie Condo aussortiert hatte. Das Ergebnis: drei Säcke voller Jungsklamotten und eine kleine Tüte Mädchenkleidung. Während der Junge fast alles mit »Danke und Tschüs!« in die Tüte geworfen hatte, befand ihr Mädchen, dass ganz viele Kleider sie noch glücklich machten. Ja, so ist das wohl: Manchen von uns fällt es leichter, sich von Dingen zu verabschieden, während andere sich richtig schwer damit tun.

Genau dieses Thema ist ein andauernder Konflikt in unserer Ehe. Während ich eher zur Danke-und-tschüss!-Fraktion gehöre, ist der Mann davon überzeugt, dass man sämtliche Dinge doch bestimmt *irgendwann* noch einmal gebrauchen könnte. Die Körnermühle zum Beispiel (die ich noch nie benutzt habe!) ebenso wie das große Mostfass oder die alte Videokamera. Und tatsächlich kommt es ab und zu vor, dass in unserem Haushalt irgendein kleines Teil fehlt, das Heio dann triumphierend aus dem Keller holt. Solche Erlebnisse bestätigen ihn natürlich völlig in seiner Ansicht, es sei wichtig, eine kleine Gebrauchtwarenhandlung in unserem Keller zu führen. Aber es sind nicht nur die Dinge, die man noch gebrauchen könnte, es sind auch Erinnerungen, die er aufbewahrt: Berge von Fotos neben kleinen, undefinierbaren Gegenständen, die er von seiner Reise aus Indien mitgebracht hat. Dazwischen finde ich tatsächlich zwei abgeschnittene Dreadlocks, der Frisur, mit der ich den Mann kennen und lieben gelernt habe. Er war bereit, seine Haarpracht abzuschneiden, als er ausreichend Geld dafür geboten bekam, das er für unser Kinderheim in Myanmar spendete. Und nach einem Gottesdienst fielen dann unter großem Beifall die Haare. Und wer, wenn nicht eine Schriftstellerin, sollte wissen, dass man Gegenstände aufbewahren muss, die eine Geschichte erzählen. In diesem Fall lege ich sie kopfschüttelnd und mit spitzen Fingern wieder in den Karton zurück.

Nun könnte man annehmen, dass er sich wenigstens von kaputten Dingen leichter trennen könnte. Aber wie ein Mediziner, der zuversichtlich darauf vertraut, dass man vielleicht morgen schon ein Mittel gegen eine heute unheilbare Krankheit findet, vertraut er darauf, dass man morgen Dinge reparieren kann, die heute bei den Fachleuten nur Kopfschütteln wecken. Deshalb werden wohl auch bald zwei kaputte Fahrräder vorsichtig in den Umzugswagen geschoben.

Heio ist ein Sammler. Und Bewahrer. Eigenschaften, die nicht zum derzeitigen Gesellschaftstrend des Minimalismus passen. Eigenschaften, die mich manchmal zur Verzweiflung bringen. Aber es gibt diese Momente, in denen ich denke: Wie gut, dass er genau so ist, wie er ist! Dann nämlich, wenn es um Menschen geht. Also zum Beispiel um mich. Wenn ich ihm morgens müde und schlecht gelaunt am Frühstückstisch gegenübersitze, dann sinnt er nicht darüber nach, ob ich noch Freudenfunken in ihm auslöse. Er betrachtet auch unsere Gemeinde nicht mit diesem Blick. Da ist er nämlich angestellt mit seiner Hirtengabe. Er gibt Menschen nicht auf. Er vertraut darauf, dass jeder irgendwie zu gebrauchen ist. Dass vieles vielleicht nicht jetzt, aber doch irgendwann heil werden kann.

Es ist gut, dass es Menschen gibt, die loslassen können. Aber hier mal ein Hoch auf die Menschen, die festhalten! Auf alle, die nichts weggeben, was man noch reparieren könnte. Auf die Bewahrer und Sammler. Auf diejenigen, die Altes, Verschrammtes und fast Vergessenes wertschätzen. Samuels freudiger Ruf klingt mir noch in den Ohren: »Euch habe ich so vermisst!« Dieser Ruf kommt mir aus den Jesusgeschichten entgegen. Wenn er von der verlorenen Münze erzählt. Vom Schaf, das sich verirrt hat. Und vom Sohn, der sich verabschiedete. Dinge, Tiere, Menschen wurden nicht einfach schulterzuckend aufgegeben, sondern intensiv gesucht und wiedergefunden und mit unglaublicher Freude nach Hause getragen zu den anderen Schätzen, die da schon warteten (und ihre eigene Geschichte erzählen konnten.)

Ich glaube, Gott ist ein Sammler. Er sammelt Menschen. Kaputte, alte und kranke und verlorene. Schwierige. Und solche, die sich nutzlos fühlen, und solche, die in die Ecke gestellt werden. Die lassen sich besonders gerne von ihm einsammeln. Und wenn sie kommen, dann betrachtet er sie nicht zweifelnd und kritisch und denkt daran, wie viel Arbeit sie machen werden. Nein, er ist voller Freude und alle Engel müssen mitfeiern, wenn durch den Himmel der Ruf schallt: »Seht mal was ich gefunden habe! Euch hab ich so vermisst!« Und immer wieder ist das bestimmende Thema an seiner Festtafel: Mein Haus soll voll werden![27]

Ich wünschte, unsere Gemeinden würden etwas mehr von diesem Herzen Gottes zeigen, von seinem freudigen Ja zu uns! Ich wünschte, wir könnten das, was da ist wertschätzen und umarmen wie einen lange vermissten Freund. Und wäre es nicht wunderbar, wenn wir ein bisschen mehr Geduld hätten mit dem Kaputten im anderen und dem Kaputten in uns selbst? Was heute nicht heil ist, kann irgendwann heil werden. Ganz bestimmt! Gott ist derjenige, der alles erneuert und lebendig machen kann.

Ach, und ich wünschte, ich wäre angetrieben von dem Wunsch loszugehen und Verlorenes wiederzufinden. Ich wäre gerne so nah am Herzen Gottes, dass seine Sehnsucht, sein schneller werdender Herzschlag auf mich überginge, wenn ich seine Menschenkinder betrachte. Es gibt diese Momente, in denen ich etwas davon spüre. Neulich etwa, bei McDonald's, als neben mir eine Mutter mit ihrem behinderten Mädchen erschien. Als ich sah, wie geduldig und liebevoll sie ihre Tochter auf den

Stuhl setzte und welches Strahlen auf dem Gesicht des Kindes lag, da hätte ich die beiden am liebsten umarmt und ihnen gesagt, dass sie so unglaublich geliebt sind. Das sie so sehnsüchtig erwartet werden. Ich war wirklich kurz davor. Hab schon die beiden angestrahlt und nach Worten gesucht. Aber dann hat mich plötzlich der Mut verlassen und ich habe mich wieder meinen Pommes und den wichtigen geistlichen Gesprächen mit der Freundin zugewandt. Und jetzt, Tage später, während ich diese Gedanken aufschreibe, spüre ich noch immer Gottes tiefe Liebe zu den beiden. Ich hoffe, das nächste Mal bin ich mutiger. Ehrlich, ich will wirklich gerne zu einer dieser wunderlichen Alten werden, die fremde Menschen umarmen und ihnen sagen, dass Jesus sie so lieb hat! Sammler scheuen sich nicht, sich mit strahlenden Augen auf Schätze zu stürzen, nachdem sie alle Flohmärkte der Welt nach ihnen abgesucht haben. Und ich finde, es gibt wenig Schöneres auf dieser Welt, als in das Gesicht eines Menschen zu schauen, der soeben begriffen hat, dass er ein Zuhause hat und dass er voller Liebe erwartet wird!

Kommt jemand mit auf Schatzsuche?

Du bist ein Schatz.
Deinetwegen wurde die ganze Erde umgegraben
in wilder Hoffnung, dich zu finden.
Und dann wurde verhandelt und ein Preis bezahlt,
weit über die Schmerzgrenze hinaus,
damit du strahlend an seiner Hand nach Hause
kommen kannst.
Du Schatz, du.

· 09 ·

Altäre bauen

Als ich mit Samuel schwanger war, lag das voraussichtliche Geburtsdatum ziemlich nah an meinem eigenen Geburtstag. Doch dann wurde er wegen einiger Komplikationen ein paar Tage früher auf die Welt geholt. So feiern wir jetzt immer schön der Reihe nach: zuerst der Sohn und ein paar Tage später mache ich an meinem Festtag irgendetwas Entspanntes wie einen Besuch im Wellnessbad oder im Café mit Freundinnen, um mich vom wilden Jungsgeburtstag zu erholen.

In diesem Jahr aber war klar, dass mein Ehrentag nicht einfach vom Kindergeburtstag plattgemacht werden durfte. Wenn man den 50. Geburtstag nicht ignorieren will, dann heißt es: fliehen oder feiern. Obwohl ich am liebsten mit dem Mann nach Paris durchgebrannt wäre, habe ich mich doch für das Fest entschieden.

Und was soll ich sagen: Es war wunderschön! Feiernd und tanzend bin ich vor wenigen Tagen im neuen Lebensjahrzehnt angekommen. Das viele Vorbereiten und Feiern steckt mir noch in den Knochen. Der Hals kratzt und kündet die Erkältung an, die schon seit Tagen darauf wartet, endlich Beachtung zu finden. Also mache ich mir heute Morgen eine Tasse heiße Zitrone und nehme mir ausgiebig Zeit, um das Fest noch einmal Revue passieren zu lassen.

Was habe ich mir im Vorfeld nicht alles für Gedanken gemacht! Zuerst musste ich die für mich größte Herausforderung meistern und eine Gästeliste aufstellen. Wen will ich unbedingt dabei haben? Und für wie viele reicht der Platz im angemieteten Jugendhaus? (Ja, ich weiß, ein lustiger Ort für den 50 ...) Es war ein längeres Hin und Her, das die Geduld meines liebsten Menschen sehr auf die Probe gestellt hat.

Nachdem endlich alle Einladungen verschickt waren (Heio hat tief aufgeatmet!), galt es, noch einiges mehr zu bedenken: Wie wird das Wetter an dem Tag? Können die vielen Kinder draußen spielen oder wird es drinnen Chaos und Geschrei geben? Was, wenn niemand kommt? Und was, wenn ALLE kommen? Und wird sich jeder wohlfühlen? Wird das Essen reichen? Die Kraft? Der Platz? Das Bier?

Am Abend vorher habe ich mich dazu entschieden, dass ich mir um die Dinge, die ich sowieso nicht beeinflussen kann, keine Sorgen machen will. Wetter. Stimmung der Gäste. Es kommt, wie es kommt. Und egal wie es werden wird: Es wird vorübergehen. Deshalb packte ich dann auch relativ entspannt bei anhaltendem Regen alle vorbereiteten Kisten zusammen und wir machten uns auf den Weg, um zu feiern. Und es war wunderbar! Ich bin noch ganz überwältigt. Samuel hat schon eine Strichliste angefangen, wie oft ich »Ach, es war sooo schön!« sage. Aber genau das war es: wunderschön!

Aus allen Richtungen kamen Freunde angereist, beladen mit liebevollen Geschenken und selbstgebackenen Köstlichkeiten. Das Buffet hat sich gebogen vor herrlichem Essen! Es gab Musik und lustige Programmeinlagen und immer wieder wurde mir ein Glas oder eine Bierflasche zum Anstoßen entgegengestreckt: *L'Chaim!* Auf das Leben! Jetzt und hier.

Ich hielt eine Rede, bei der ich mich nur ein wenig verhaspelte, und Heio hielt eine kleine Ansprache, die mein Herz noch eine ganze Weile warm halten wird. Sogar Samuel hat sich ans Mikrofon gewagt, um zu sagen, wofür er mir dankbar ist. Das ging relativ flott. Er sagte: »Danke, dass du mich immer tröstest, wenn ich traurig bin. Und danke, dass du mir immer das Essen warm machst.« Letzteres wurde mit großem Gelächter aufgenommen und ich unterdrückte den Impuls klarzustellen, dass es bei uns nicht nur aufgewärmtes Essen gibt. Und dann, nachdem wir ein paar Loblieder auf Gott gesungen hatten, versammelten sich die Freunde, um für mich zu beten – ein Wasserfall von guten Worten! Übergossen von Segen tanzte ich im Anschluss mit den wunderbaren Gästen zu meiner Lieblingsmusik – ein wilder Mix aus Fame, Tote Hosen und Johnny Cash. Es war wie früher, nur dass ein paar junge Hüpfer zwischen uns umhersprangen. Die waren, neben dem Alter des Geburtstagskindes, vielleicht auch der Grund, warum wir schon vor Mitternacht mit dem Aufräumen begannen. Aber man soll ja aufhören, wenn es am schönsten ist. Ach, und es war so schön! (Nächster Strich auf der Liste.) Und bei all dem Feiern habe ich ganz vergessen, erschrocken über die 50 zu sein. Diese Zahl wird nun für immer mit diesem besonderen Fest verbunden bleiben und in mir ist ein überraschend fröhliches Ja zu diesem Alter!

Unter den vielen besonderen Geschenken haben mich zwei fast zum Weinen gebracht vor Freude: Das eine war ein Fotobuch mit gemeinsam erlebten Geschichten und Erinnerungen von meinen Freunden und Weggefährten. Mit jeder Seite, die ich heute Morgen umblättere, füllt sich mein Herz noch ein bisschen mehr mit Dankbarkeit. Was haben wir nicht alles gemeinsam erlebt! Und wie treu war Gott an unserer Seite! Das andere Geschenk ist ein bunter Quilt, zusammengesetzt aus Stoffen von Samuels liebster Babykleidung. Es ist ein Nähprojekt, das ich vor Jahren begonnen hatte und alleine niemals fertiggestellt hätte. Nun sitze ich hier in diese warme Decke gehüllt und kann es noch kaum fassen. Jeder Flicken birgt eine Erinnerung. Ein Lächeln. Genau wie dieser Geburtstag, der in meiner Erinnerung wie ein breites Lächeln bleiben wird. Und das sind für mich die allerschönsten Feste: die, die man wie einen guten Wein am vollen Nachgeschmack erkennt!

Ich bin weit davon entfernt, Stuttgarts Partykönigin zu sein (herzliches Lachen an dieser Stelle von meinen Freunden), aber für meine nächste Lebenshälfte habe ich mir fest vorgenommen, die kleinen und größeren Gelegenheiten zum Feiern zu ergreifen. Geplant oder ganz spontan. Mit den Menschen, die mir nah stehen, denen ich ab und zu das Essen warm machen darf, und auch mit denjenigen, die so wenig von dieser mütterlichen Versorgung erlebt haben. Die Theologin Sara Wenger Shenk schreibt:

»Wann immer wir feiern, ehren wir das was wir mögen und lieb haben.

Wann immer wir feiern, freuen wir uns an all dem, was uns etwas darüber sagt, wer wir sind.

Wann immer wir feiern, nehmen wir uns Zeit, um einander wertzuschätzen.

Und wann immer wir feiern, kehren wir mit offenen Armen und dankbarem Herzen zu unserem Schöpfer zurück.«[28]

Das ist die Art und Weise, wie ich gerne feiern möchte. Und am Ende meines Lebens möchte ich zurückschauen und staunend sehen, wie sich die kleinen und großen Feste wie Altäre entlang des Weges aufreihen als stille und kraftvolle Zeugen von Gottes Güte in meinem Leben. Ich glaube, Gott liebt es mit uns zu feiern! Er hat seinem Volk viele Festtage geschenkt und immer wieder daran erinnert, sie ausgelassen zu feiern. Der Rabbiner Samson Raphael Hirsch schrieb, dass für die Juden der Kalender ihr Katechismus ist.[29] Das heißt: Wer ein Jahr lang alle Feste einmal gefeiert hat, kennt sämtliche Grundlagen des jüdischen Lebens. Wie wunderbar ist das denn? (Und eigentlich ist es mit den christlichen Festen ja genauso!) Manchen jüdischen Festen wurde ein festes Datum im Jahreslauf zugewiesen, andere entstanden ganz spontan: kleine Straßenfeste unterwegs, Altäre

mitten in den Weg gebaut, manche sogar mitten ins Flussbett, weil das Volk dort Gottes Eingreifen erlebt hatte. Und wenn irgendein neugieriges Kind die Erwachsenen am Ärmel zupfte und fragte: »Was feiern wir hier eigentlich?« (und bis heute fragen das die jüdischen Kinder an den Festtagen), dann wurden die alten Familiengeschichten ausgepackt, unter Gelächter und Tränen rief man sich zu: »Weißt du noch?« und fiel sich gegenseitig ins Wort. Die Kinder baten: »Erzähl noch diese Geschichte mit dem Kampf in der Nacht!« und die Gläser wurden nachgefüllt, die Instrumente ausgepackt und die ersten Tänzer machten sich warm und alle wussten: Das wird eine lange Nacht!

Am Ende der Strecke, so verheißt uns die Bibel, wartet das Fest aller Feste auf uns. Die Vorbereitungen dazu sind bereits in vollem Gange. Die gute Nachricht ist: Unser Name steht auf der Gästeliste! Jesus lädt uns ganz persönlich dazu ein und jeder, der sich einladen lässt, darf dabei sein. Ich hoffe darauf und vermute es auch ganz stark, dass das Erinnern ein wichtiger Programmpunkt auf diesem Fest sein wird, dass dort die Geschichten ausgebreitet werden wie wertvolle Flicken, die wir mitbringen und die sich zu einem riesigen Kunstwerk zusammenfügen – von einer Generation zur anderen – so unfassbar schön, dass es uns alle den Atem stocken lässt (endlose Strichlisten wird mein armes Kind da führen müssen!). Und wahrscheinlich werden wir uns immer wieder gegenseitig ins Wort fallen und einander ergänzen, unter Tränen und großem Gelächter, während die Weingläser nachgefüllt werden und Gottes Angesicht voller Wärme über uns strahlt. Und vielleicht kommt dann der Augenblick, in dem für einen Moment das Licht gedimmt wird (keine Ahnung ob das in Gottes Gegenwart überhaupt möglich ist!) und wie ein riesiges Meer von Wunderkerzen werden die ganzen Altäre aufleuchten, die wir ihm zur Ehre auf dieser Erde gebaut haben. Und dann wird Johnny Cash seine Gitarre auspacken und David wird sich langsam warm machen …

• • • • • • • • • • • • • • • • • • • •

»Wenn es falsch ist, dass ich Erdenhoffnung an die Himmelstür lege oder davon zu sprechen wage, sei meiner Torheit gnädig, lieber Herr, ich liebe diese Welt, die du gemacht – sie allein kenne ich.«
ADRIAN PLASS[30]

· 10 ·

Himmelfahrt

· · · · · · · · · · · · · · · · · · · ·

Ich wache auf.
Der Blick zum Wecker bestätigt, was ich spüre:
Viel zu früh!
Vor dem Fenster lacht laut eine Frau.
Wahrscheinlich auf dem Heimweg von irgendeinem Club.
Ärgerlich, wo doch heute Feiertag ist.
Himmelfahrt.
Rückfahrticket eingelöst.
Der Sohn kehrt zu seinem Vater zurück.
Myriaden von Engeln erheben sich und stehen Spalier.
Und dann – kommt ER!
Narben an Händen und Füßen.
Nach einer Schatzsuche, die alles abverlangt hat.
Dem Dieb entrissen, was Gott gehört.
Sieg in der letzten Runde.
Heimvorteil genutzt.
Noch einmal Frühstück mit den Freunden.
Letzter Halt vor zu Hause.
Vor dem entgegenstürmendem Vater.
Freudentränen und Fanfaren.
La-Ola-Wellen und Siegesjubel.
Bestes Homecoming ever.
Das erste von vielen.
An so einem Tag ist es wohl angebracht
von Gelächter geweckt zu werden.

Abschied

*L*angsam beginnen wir uns zu verabschieden. Wir schreiben kleine Abschiedsbriefchen und laden unsere Nachbarn noch ein letztes Mal zum Grillen in den Garten ein. Bei der Freundin, die mit ihren Kindern ganz in der Nähe wohnt, machen wir noch einen unserer wunderbaren Spontan-Besuche: »Uns ist grad langweilig, habt ihr Zeit?« Samuel geht noch ein letztes Mal zu seinen Pfadfindern und wird nach dem Segen von seinen Stammleitern mit einem Ferrari-Applaus verabschiedet: Alle stellen sich im Kreis auf, klatschen und machen Formel-Eins-Auto-Geräusche, während Samuel ein paar Runden rennt, so schnell er kann. Der allerliebsten Lieblingsverkäuferin

an der Rewe-Kasse bringen wir eine ganze Tasche voll Geschenke und eine Danke-Karte. Die innige Umarmung dieser Frau aus dem Libanon (Warteschlange hinter uns) ist ebenso wunderbar und ungewöhnlich wie die Tatsache, dass wir in den letzten Jahren bei jedem Einkauf mit freudigem Ausruf unserer Namen begrüßt wurden! Sie wird mir fehlen. Ebenso wie die herzliche Mama von Samuels Schulfreund aus Georgien und unsere gemeinsamen Kaffeestunden in ihrer gemütlichen kleinen Küche. Auf ein Eis am Kelterplatz treffen wir uns noch mit unseren Klingelfreunden (das sind Freunde, bei denen man spontan klingeln kann, weil sie in der Nähe wohnen – hab ich von ihnen gelernt). Ich bin nicht gut im Verabschieden. Ich sage zu jedem: »Wir hören voneinander!« oder: «Wir bleiben in Kontakt!« Sogar der Rewe-Verkäuferin habe ich unsere Telefonnummer gegeben und sie hat versprochen, uns auf dem Land zu besuchen. Wir beide wissen, dass sie das nicht tun wird.

Ich muss an die Worte einer klugen Freundin denken, die mir einmal sagte:»Im Zeitalter der sozialen Medien sagt man kaum noch ‚Leb wohl!'« Wir versuchen mit sämtlichen Leuten in Kontakt zu bleiben und bei nicht Wenigen von uns sorgt das für Stress und Überforderung. Vielleicht steckt dahinter der Wunsch, dass alles so bleiben soll, wie es ist (zumindest das Gute und Vertraute). Aber das entspricht ja nicht der Realität. Leben ist Veränderung. Ständig! Auch wenn man gerade nicht umzieht. Die Beziehung zu den Eltern verändert sich ebenso wie die zu den Kindern, zu Freunden, zum Ehepartner und sogar die zum Müllmann! Samuel hat mit den Jahren seine Begeisterung für die Müllabfuhr abgelegt. Ich bin, der Gewohnheit wegen, noch ab und zu morgens im Schlafanzug zum Fenster gehastet und habe den Müllmännern zugewunken, aber irgendwann musste ich mir eingestehen, dass diese Zeit der innigen Nähe nun vorbei ist und wir uns wieder nur freundlich nickend begrüßen, wenn wir uns zufällig sehen. Schade eigentlich. Da fällt mir ein, dass ich ihnen auch noch ein Abschiedsgeschenk machen wollte. Einen von diesen Männern mag ich ganz besonders. Er hat vor Jahren Samuels Schnuller direkt aus seinem Mund in das Müllauto geworfen. Zum Spaß. Das Kind fand es nicht so lustig, ich schon. Ob ich ihn nicht auch ab und zu wiedersehen könnte? Ha! Seht ihr mein Problem?

Oh, ich könnte so viel entspannter auf meinen bisherigen Lebensweg zurückblicken, hätte ich nicht sämtlichen Menschen versprochen, dass wir in Kontakt bleiben! Okay, inzwischen sage ich manchmal schon vorsichtiger: »Lass uns versuchen, in Kontakt zu bleiben.« Aber »Leb wohl!« geht mir immer noch nicht über die Lippen. Vielleicht weil es mir dann so vorkommt, als würde ich die Menschen aussortieren, so wie ich das gerade auch mit den Dingen getan habe. Aber das ist es ja nicht. Es ist einfach nur ein Eingeständnis an die Veränderungen im Leben und an unsere menschlichen Begrenzungen.

Als ich schwanger wurde, habe ich meinem guten Freund versichert, dass sich an unseren regelmäßigen Kneipenbesuchen am Abend auch in Zukunft ganz bestimmt nichts ändern wird. Der Versuch, dieses Versprechen einzuhalten, ist kläglich gescheitert: Irgendwann hat der Freund mitgezählt, wie oft ich gähne, und dann haben wir uns entschieden, uns lieber bei uns zu Hause zu treffen. Ein bisschen seltener. Und früher! »Aber manche Beziehungen bleiben über Jahre stabil, manches bleibt doch so wie es immer war!«, will ich mir hier selbst ins Wort fallen. Wenn ich zum Beispiel die Freundinnen aus der Zeit meiner Krankenpflegeausbildung treffe, habe ich den Eindruck: Wir haben uns erst gestern verabschiedet und können gleich heute weitermachen, wo wir aufgehört haben. Und für einen gemütlichen Abend oder ein Kaffeetrinken mag das auch stimmen. Aber ich glaube, wenn wir wieder länger zusammen wären, würden wir feststellen, dass sich eben doch auch einiges verändert hat. Wie auch die alten Straßen meines Heimatdorfes vertraut bleiben, aber hinter den Häuserfassaden finden ganz neue Geschichten statt, deren Teil ich nicht mehr bin.

Meine Mutter hat ihr Leben lang im selben Dorf gelebt, sogar immer im selben Haus! Man könnte meinen, ihr Leben hätte nicht viel Veränderung erfahren, aber natürlich stimmt das nicht. Auch wenn sie nie einen Umzug erlebt hat, musste sie oft mit neuen Lebensumständen zurechtkommen und sich von vielen vertrauten Menschen verabschieden. Ich habe ihre Freundinnen-Telefonliste aufbewahrt, eine kleine Pappkarte, die immer neben dem Telefon lag. Eine Nummer nach der anderen hat sie gegen Ende ihres Lebens mit zitternden Händen durchgestrichen. Den meisten Freundinnen musste sie auf dieser Erde Lebewohl sagen. Sie gehört zu der Generation, die das viel besser konnte, so scheint mir. Ihre Freundin, die immer auf einen Sprung vorbei kam, weil sie um die Ecke wohnte, hat gegen Ende ihres Lebens ihr Haus verkauft und die Dinge verschenkt, die sie nun nicht mehr brauchte, und ein kleines Zimmer im Altenheim bezogen. Wohlgemerkt: Das hat sie selbst gemacht! Ihren Staubsauger haben wir bekommen und ganz oft, wenn ich ihn benutze, denke ich dankbar an diese Freundin meiner Mutter. Ich hoffe, dass ich mich dem Älterwerden auch einmal so mutig stellen kann, wie sie es getan hat.

Ach ja, mit den Jahren verändert sich so manches! Auch unsere Körper verändern sich. Gemeinsam mit unserem Herzen dürfen sie ein bisschen weicher und weiter werden – leb wohl Bikinifigur, die du nie wirklich mein eigen warst! Neulich habe ich einer Freundin erzählt, wie mir seit kurzem beim Schwimmen die Unterarme im Wasser flattern. Sie hatte keine Ahnung, wovon ich rede, die Glückliche! Und seit einiger Zeit brauche ich eine Brille zum Fernsehen. Eigentlich brauche ich eine Brille. Punkt. Aber diese Veränderung kann ich mir noch nicht ganz eingestehen (und mit Brille sehe ich so viel mehr Falten in meinem Spiegelbild!).

Auch unser Blick aufs Leben verändert sich! Was wir lieben. Auf was wir hoffen. Wo unsere Sehnsüchte uns hinziehen. Eine Freundin, die fast in meinem Alter ist, erzählte mir neulich, dass sie auf einem Treffen mit vielen jungen Frauen war. Alle waren voll mit sprühenden Ideen. »Fast jede hat mich gefragt, was meine Vision ist«, sagte sie. »Ich war innerlich so müde und hätte am liebsten gesagt: Wenn ich Visionen habe, dann gehe ich zum Arzt!« Wir mussten beide herzlich lachen. Und ich tröstete sie damit, dass schon die Bibel sagt, dass die Jungen Visionen haben und die Alten Träume träumen[31] und wir wohl langsam in das Alter kommen, in dem wir die Träume geschenkt bekommen. Das ist ein bisschen ruhiger. Gott sei Dank. (Aber wie wir wissen, können auch Menschen, deren Sätze mit »I have a dream!« beginnen, Gewaltiges verändern!) Auch die Art, wie wir glauben, kann sich verändern. Die Worte, die wir beten. Die Bücher, die wir lesen, und die Bücher, die wir lieber nicht mehr lesen. Die Art, wie wir Stille aushalten. Unser Blick auf Gott. Es wäre doch traurig, wenn mit den Jahren nicht noch andere Perspektiven hinzukommen würden auf diesen unfassbar großen Gott!

In dieser Zeit der äußeren Veränderung will ich lernen, ein bewussteres Ja dazu zu finden. Hier ist es wieder: mein JA! JA zu dem was JETZT ist. JA zum Loslassen. JA zum Abschied von Lebensphasen. JA zu den stillen Träumen, die wilde Visionen ablösen. JA zu dem Gedanken, dass ich vielleicht nicht ganz so wichtig bin, wie ich denke. Die Klingelfreunde werden andere Freunde finden, bei denen sie klingeln, und die Rewe-Verkäuferin hat noch weitere Kunden, die sie freudig mit Namen begrüßt. Die Küche der Freundin, die so gastfreundlich ist, wird sich auch weiterhin mit Menschen füllen, und der Müllabfuhrmann – nun, der wird mit dieser entsetzlichen Lücke leben müssen, dass ich nicht mehr für ihn am Fenster stehe.

Auch wenn mir das sehr schwer fällt: Ich will lernen, mein »Lass uns auf jeden Fall in Kontakt bleiben!« zurückzuhalten. Weil ich, wenn ich genau hinhöre, merke, dass meine Furcht daraus spricht. Die Furcht, den anderen zu enttäuschen und füreinander vielleicht nicht mehr das sein zu können, was wir waren. Ich will auch dieser Furcht in die Augen schauen und sagen: »Dann ist es so! Du sollst nicht zum Antreiber meines Lebens werden. Du kannst auf dem Rücksitz Platz nehmen, wenn du die Klappe hältst, aber hör auf, mich ständig ins Schlingern zu bringen und mir den ganzen Kofferraum vollzuladen mit Zeug, das mir nicht gehört.« Ich will lernen, vorsichtiger mit meinen Abschiedsworten zu sein. Vielleicht könnte ich sagen: »Lass uns versuchen, in Kontakt zu bleiben – und wenn wir es nicht schaffen: Ich danke dir für die wunderbare Zeit!« Ein Ferrari-Applaus auf das, was war, und dann: dankbar weitergehen.

Ich will ab und zu mutig diese beiden Worte aussprechen, die meine Mutter uns in ihren letzten Jahren immer zum Abschied gesagt hat. Nicht: »Tschüss und bis bald!« Sondern ernstgemeint und liebevoll: »Lebt wohl!« So sehe ich sie vor mir. Wie sie an der Haustüre steht und hinter uns herwinkt, ihre Hände dabei weit ausgebreitet. Lebt wohl! Wenn ich so darüber nachdenke, finde ich, das ist ein Segenswort, das wir einander nicht vorenthalten sollten.

. . . .

Eine Abschiedsidee
Vielleicht könnte ich einen ganz altmodischen Brief verschicken.
An einen Menschen, von dem ich mich nicht richtig verabschiedet habe.
Man wollte in Kontakt bleiben.
Blieb man aber nicht.
Auch eine Postkarte könnte reichen.
Vielleicht so:
»Ich melde mich, weil ich unser Lebwohl verpasst habe.
Hier ist es. Sei gesegnet. Und danke für die gemeinsame Wegstrecke. Wir sehen uns hoffentlich beim großen Zieleinlauf!«

· 12 ·

Blätterdach und
Sternenhimmel

Nun steht tatsächlich unser Umzug vor der Tür! Während andere ihre Koffer für den Sommerurlaub packen, verstauen wir unser gesamtes Hab und Gut in Umzugskartons. Ich laufe wehmütig durch unsere kleine Stadtwohnung. Ach, was haben wir hier nicht alles erlebt! Was für wunderbare Geschichten erzählen die Tomatenspritzer an der Decke, die Nutellaflecken und kleinen Kritzeleien an den Wänden. Unser Vermieter findet das weniger wunderbar, also müssen wir alles überstreichen.

Mit jedem Tag wurden die Räume leerer. Unser Sofa bekam ein neues Zuhause, die Küche wurde verkauft und abgeholt und nun sitzen wir am wackligen Campingtisch und ernähren uns von Dosenfutter. Zum Schluss war uns von hilfsbereiten Freunden der Boden unter den Füßen weggerissen worden und wir hatten die ausgedienten Dielenbretter gemeinsam auf den Sperrmüll geworfen. Und jetzt ist es soweit. Morgen ziehen wir aufs Land. Die erste Fuhre unserer Sachen ist schon im neuen Zuhause und Samuel darf diese Nacht bei Freunden verbringen. Draußen wird es langsam dunkel. Heio öffnet die Weinflasche, die wir für besondere Anlässe aufgehoben haben. Das hier ist einer. Wir setzen uns ein letztes Mal auf unseren Balkon und füllen die Gläser. Wir stoßen an – auf die Wegstrecke, die hinter uns liegt. Ich greife nach Heios Hand, wie so oft in den letzten Jahren. Es ist ein Moment, in dem ich kaum reden kann, weil mein Herz von einer Welle tiefer, schwerer Dankbarkeit erfasst wird. Gott war gut zu uns. Mein Blick geht nach oben. Die Blätter unseres geliebten Apfelbaums rauschen im kühlen Abendwind. Durch die Zweige schimmern die Sterne.

Ich muss an Gottes Aufforderung an sein Volk denken, einmal im Jahr die (vermeintliche) Sicherheit ihrer Häuser zu verlassen und gegen ein zugiges Provisorium einzutauschen. Eine Laubhütte. Ein kleiner Unterschlupf, den sie aus zusammengetragenen Zweigen bauen sollten. Anfällig für Wind und Wetter. Bis heute feiern gläubige Juden dieses Fest, um sich an ihre Pilgerschaft durch die Wüste zu erinnern. Sie erzählen sich die alten Geschichten der Befreiung, der langen Wüstenwanderung, in der sie immer bereit sein mussten, ihre Zelte abzubrechen, sobald Gott zum Aufbruch blies und voranging – Wolkensäule am Tag, Feuersäule in der Nacht. Vielleicht erinnern sie die lauschenden Kinder auch an ihren Stammvater, den Ersten von ihnen, den Gott auf eine gemeinsame Reise eingeladen hatte. Heute Abend kann ich es vor mir sehen, wie er dastand, dieser alte Mann vor seinem Zelt, den Blick zu den Sternen gerichtet, bei sich nur eine große Verheißung: »Ich bin mit dir! Fürchte dich nicht.« Solche Worte klingen anders, wenn man unterwegs ist. Und die Geschichten darüber hört man anders in einem zugigen Zelt. Deshalb Laubhütte. Einmal im Jahr.

Ich bin jetzt nicht so sehr der Campingtyp und das Zelten auf dem Freakstock, dem jährlichen Festival der Jesusfreaks, ist zunehmend eine große Herausforderung für mich. Ehrlich – ich habe keine Ahnung, wie lange ich das Campen noch durchhalte (vielleicht werde ich mich zukünftig auch mit den Freunden im Wellness-Hotel nebenan einquartieren). Aber vielleicht tut es unserer Seele ja gut: ab und zu nach draußen gehen und mit dem alten Campinggeschirr hantieren. Gaskocher an. Sternenhimmel betrachten.

Einmal im Jahr am Lagerfeuer sitzen und uns gegenseitig die Geschichten unseres treuen Gottes erzählen, uns erinnern, dass *überm Sternenzelt ein lieber Vater wohnt,* der uns sieht und nach Hause begleitet. Einmal im Jahr die Erinnerung daran, dass wir Reisende sind. Einmal im Jahr darüber nachdenken, wie verletzlich unsere Leben doch sind. Und dass, wenn der Boden unter uns wegbricht, immer noch ein Himmel voller Verheißungen über uns steht.

Im letzten Sommer haben wir auf dem Weg zu einer Hochzeit eine Tramperin mitgenommen. Ein junges Mädchen mit großem Backpacker-Rucksack, sonnenverbrannt und mit strahlenden Augen. Sie erzählte uns, dass sie ein Jahr lang auf Weltreise gewesen war. Nun würden wir sie die vorletzte Strecke bis zu ihrem Zuhause mitnehmen. Dort wartete die Mutter bereits voller Vorfreude mit dem Begrüßungsessen. Sie sprudelte über vor spannenden Erlebnissen aus fernen Ländern und wir lauschten fasziniert. Besonders ihre Erzählung, wie sie in den Bergen Südamerikas alleine gezeltet hatte, ließ uns den Atem stocken. Plötzlich, mitten in der Nacht, hörte sie Geräusche vor ihrem Zelt. Heißer, schwerer Atem. Sie wagte kaum, sich zu bewegen, öffnete dann doch den Reißverschluss ihres Zeltes ein wenig, um die Handykamera nach draußen zu halten. Auf dem Display sah sie die grünen Augen eines Pumas. Ganz dicht. Minutenlang verharrte sie bewegungslos und bangte um ihr Leben. Bis die Raubkatze langsam abdrehte und wieder im Dunkel verschwand. »Das war nur eins von diesen Erlebnissen, bei denen ich dachte, ich komme nie mehr nach Hause!«, lachte sie unbekümmert, während ich Stoßgebete zum Himmel schickte, dass Samuel nie, niemals auf die Idee kommen würde, so eine Weltreise zu machen! Was hat diese arme Mutter, die nun am Herd stand und darauf wartete, ihr Kind in die Arme zu schließen, wohl durchgemacht? Ich sagte Heio, er solle schneller fahren. Wir setzten sie kurz vor ihrem Heimatort ab, das letzte Stück wollte sie zu Fuß gehen. Am liebsten wäre ich heimlich hinter ihr hergefahren, um beim großen Wiedersehen dabei zu sein!

Ich habe noch nie eine Weltreise gemacht. Aber ich kenne dieses Gefühl, mich mit klopfendem Herzen auf den Weg zu machen. Und ich kenne auch Momente, in denen ich ängstlich im Dunkel saß und dachte: »Das überlebst du nicht!«

Über die Jahre habe ich mir ein kleines Reisegebet angeeignet. Diese Sätze kommen einfach in mir nach oben, wenn eine unbekannte Strecke vor mir liegt: »Du und ich, Jesus! Du und ich!« Das sagt erst mal weniger über mein geistliches Leben, sondern eher etwas über die Überdosis Michel-Filme, die ich in meiner Kindheit abbekam. Darin kam dieser kleine liebevolle Dialog vor zwischen dem blonden Lausbub und seinem Freund Alfred, dem wortkargen Hofknecht: »Du und ich, Alfred! Du und ich!«»Ja, du und ich, Michel!« Lieblingssätze. Sie haben sich mir eingeprägt als das vertrauteste Gespräch zwischen Freunden. Und irgendwie ist es mein Reisegebet geworden. Wenn der Bauch kribbelt. Wenn die Strecke vor mir im Dunkel liegt und eine kritzelige Wegbeschreibung alles ist, was ich habe. In jungen Jahren waren es fremde Länder, herausfordernde Arbeitsstellen oder wilde Gemeindeaktionen, bei denen mir das Herz bis zum Hals geschlagen hat. Heute sind es andere Strecken: ein Besuch bei den Nachbarn, die ich kaum kenne, eine Lesung in einem ganz fremden Umfeld, ein Gedanke in mir, jemandem etwas von Jesus weiterzugeben ... Solche herzklopfenden Begegnungen lassen mich oft mit den besten Geschichten zurückkommen. Und dann sind es auch die Situationen, in denen der Boden unter den Füßen schwankt: die Fahrten ins Krankenhaus zu meiner sterbenden Mutter. Die dunkle Untersuchungsröhre, in die ich, ängstlich auf einer Trage liegend, geschoben wurde. Eine Diagnose, die wie ein bedrohliches Raubtier in der Dunkelheit lauert. *Du und ich, Jesus. Wir beide.* Immer wenn ich die Worte ausspreche, spüre ich etwas von dem Glück, mit diesem Gott unterwegs zu sein. Es ist so, wie es Richard Foster ausdrückt: »Wir werden niemals mit einer Situation konfrontiert sein, in der Gott nicht bei uns ist! Das ist der größte Segen unseres Lebens.«[32] Was für eine hell strahlende Verheißung, unter der wir unterwegs sein dürfen!

Morgen werden wir nun die Haustüre hier endgültig hinter uns schließen und ich werde mit dem bekannt kribbligen Gefühl im Bauch zu unserem nächsten Zuhause fahren. Neben der Vorfreude steigt auch die bange Frage in mir auf: Wie wird es werden, dort an dem neuen Ort? Wird Samuel sich in der Schule zurechtfinden? Wie wird es mir selbst ergehen? Heio spürt meine Unruhe. Er zwinkert mir zu: »Ich hab noch eine Rakete im Keller, sollen wir?« Ich nicke. Heute traue ich mich, morgen sind wir ja weg – der Mut der Davoneilenden. Wir schleichen in den Innenhof und zünden die Leuchtkugel.

Funkelnd und mit einem gehörigen Knall explodiert sie über uns. Verglühte Ascheteilchen segeln nach unten. Die funkelnden Sterne bleiben. Orientierungspunkte für all diejenigen, die unterwegs sind. *Du und ich, Jesus.* Ich strecke meine Hand ins Dunkel. Er geht voraus. Immanuel. Gott mit uns. Auch auf der nächste Etappe unserer Reise.

Ein Moment zum Staunen:

Mit Samuel lese ich gerade in einem faszinierenden Bilderbuch über die Reisen der Tiere.[33] Wir erfahren darin zum Beispiel, dass der Wanderalbatros die meiste Zeit seines Lebens auf dem offenen Meer verbringt und im Jahr über 100 000 Kilometer zurücklegt! Monarchfalter ziehen vom mexikanischen Hochland nach Nordamerika. Auf dem Weg sterben drei Generationen. Erst die Urenkel erreichen das Ziel! Lachse wandern vom Pazifik Hunderte von Kilometern stromaufwärts und kehren zurück zu dem Fluss, in dem sie geboren wurden. Wir blättern durch die Seiten und staunen. Eine Schöpfung, die unterwegs ist. Spiegelbild eines Gottes, der mit uns auf dem Weg ist. Der uns über Generationen hinweg führt. Und der auf uns wartet, wenn wir zu ihm zurückkehren.

Ankommen

Wir sind angekommen. Dankbar gehen wir durch die Räume unseres neuen Zuhauses und werfen staunende Blicke vom Balkon über die Felder. Die Umzugskisten sind noch nicht ausgepackt, da steht schon der Zimmermann mit seinem Schlaghammer bereit – ein Freund, der versprochen hat, uns mit dem Durchbruch zu helfen. Aus zwei kleinen Zimmern soll ein großes Wohnzimmer werden. Der Statiker prüft die Balken und gibt seine Zustimmung. Also wird geklopft und gehämmert. Heio ist mit Begeisterung dabei. Männer, die Wände einreißen! Ich stehe auf dem bebenden Boden und hoffte inbrünstig, dass die beiden wissen, was sie tun. Nebenher rüstet sich Samuel für seinen ersten Tag an der neuen Schule. Ich zittere mit ihm und hoffe so sehr, dass alles gut wird. Gemeinsam laufen wir den kurzen, aber ziemlich steilen Schulweg. Ich begleite ihn bis ins Klassenzimmer und übergebe ihn der freundlich blickenden Lehrerin (bitte, Gott, lass sie freundlich sein!). Dann verabschiede ich mich und sehe noch, wie Samuel mit angespannter Miene auf einen der freien Tische zusteuert in einer Klasse voller Kinder, die er nicht kennt. Mein mutiger Sohn. Ich verbringe einen ziemlich unruhigen Vormittag und fange viel zu früh an, Samuels Lieblingsessen zu kochen und mich wieder Richtung Schule aufzumachen. Ich lächle die fremden Mütter an, die an der kleinen Rasenfläche vor dem Schulhaus auch auf ihre Kinder warten. Die meisten blicken freundlich zurück, bevor sie sich wieder in die vertrauten Gespräche miteinander fallen lassen wie in bequeme Schuhe. Ich stehe dazwischen wie ein einzelner Stiefel, der nicht hierher gehört. Dummerweise habe ich mein Handy vergessen und kann nicht so tun, als wäre ich mit wichtigen Dingen beschäftigt. Also warte ich. Mit bangem Herzen. Langsam müsste das erste Kind doch kommen. Aber hier lassen die Lehrer sich wohl Zeit. Ich krame einen Stift und Zettel aus der Tasche und fange an, eine Ikea-Einkaufsliste zu schreiben. Aber ich kann mich nicht konzentrieren. Unter

- *Vorhänge*
- *Küchenstühle*

schreibe ich wackelig:

- *Freunde für Samu*
- *Ankommen und wohlfühlen*

Es wird eine Wunschliste. Ein Gebet. Ich falte den Zettel wieder zusammen und zerknülle ihn nervös in meinen Händen. Endlich geht die Tür auf und die ersten Kinder kommen fröhlich schwatzend aus dem Schulgebäude. Ich entdecke Samuel. Er kommt allein, wie ich mit schwerem Herzen feststelle. Aber er strahlt: »Ich hab schon drei Freunde!«, berichtet er fröhlich, während er nach meiner Hand greift. Wow. Was für eine Ausbeute für den ersten Tag! Ihre Namen kennt er noch nicht, aber was soll's. Ich versuche, mich von seiner Zuversicht anstecken zu lassen. Flüstere innerlich: »DANKE, JESUS!«, während wir beschwingt bergab nach Hause laufen. Die erste Hürde ist genommen. Es werden noch weitere folgen. Wir werden, leicht nervös, an den Türen der Nachbarn klingeln und uns vorstellen und innerlich hoffen, dass sie uns auch mögen. Ich werde versuchen, alles richtig zu machen, und trotzdem die Mülleimer vertauschen und damit einen kleinen Aufruhr in der Nachbarschaft auslösen. Ich werde mich noch unzählige Male verfahren und immer Samuels erstaunte Stimme vom Rücksitz hören: »Hier waren wir aber noch nie, Mama!« Ich werde voller Freude beobachten, wie der Durchbruch uns ein großes, helles Wohnzimmer verschafft und mich ab und zu ganz verloren darin fühlen. Wir werden Abendspaziergänge übers Feld machen und bei unseren syrischen Nachbarn am Tisch sitzen und ihr weiches Baby mit den großen dunklen Augen bestaunen. Die ersten Tomatenspritzer werden an den frisch gestrichenen Wänden landen und uns langsam ein Gefühl von Zuhause geben. An manchen Tagen werde ich darüber verzweifelt sein, dass Samuel traurig für sich alleine spielt, nachdem er vergeblich bei dem Jungen an der Nachbartür geklopft hat, und dann wieder werde ich voller Dankbarkeit unsere Tür öffnen, wenn ein Schulfreund ihn zum Fahrradfahren abholt. Ich werde lernen, dass die Einkaufswege hier weiter sind als in der Stadt, dafür aber wunderschön. Ich werde meine Lieblingsbank finden, auf die ich mich auf dem Heimweg vom Supermarkt setzen kann, werde die sanften Hügel und den Ackerboden betrachten und Gott bitten, dass er uns hilft, hier anzukommen und Wurzeln zu schlagen.

Dieses Ankommen braucht Zeit. Das weiß ich. Und ich bin kein Mensch, der Neues freudig umarmt. Ich liebe das Gewohnte. Es langweilt mich nicht. Ich finde, die Welt ist ebenso tief, wie sie weit ist, und daher ist jeder Ort auch nach Jahren immer noch zum Staunen. Ich mag sogar vertraute Orte im Urlaub. Eine Freundin sagte neulich zu mir: »Euer Kind wächst auf und denkt, dass die Welt im Allgäu anfängt und am holländischen Meer endet.« Lachend musste ich ihr zustimmen. Wir wechseln seit Jahren immer wieder zwischen zwei Urlaubszielen und sind glücklich damit, während die Freundin uns Urlaubskarten aus exotischen, fernen Ländern schickt. So sind wir eben unterschiedlich. Pioniere und Siedler. Ich gehöre eher zur Gruppe der Siedler. Ich mochte den Kinofilm »In einem fernen Land«, in dem Nicole Kidman und Tom Cruise (waren sie nicht ein tolles Paar?!) gemeinsam ihre Flagge in den amerikanischen Boden rammten und dann den Blick über das Land schweifen ließen, das nun ihr neues Zuhause werden sollte.

Ich denke in diesen Tagen viel darüber nach, wo wir hingehören, als Menschen auf dem Weg zur ewigen Heimat. Wie tief wir uns wirklich verwurzeln können in diesem dunklen Boden, auf dem wir unser Leben verbringen. C. S. Lewis schreibt davon, dass unsere Wurzeln »andernorts« sind, wenn wir Jesus nachfolgen. Und doch glaube ich, dass wir nicht vergessen dürfen, dass wir eigentlich für diese Welt geschaffen sind. Ich finde mich immer wieder in dieser Zerrissenheit zwischen Heimweh, das mich Richtung Himmel zieht, und dem Wunsch, mich ganz tief in dieses Leben hier hineinzugraben. Einen Ort zu schaffen mit warmem Ofen und weichen Sofas. Mit Suppe auf dem Herd und dem Duft von frischgebackenem Brot in der Luft. Mit Girlanden an den Fenstern und einem Schild am Eingang: »Willkommen daheim!« Ein Zuhause, das durch stürmische Jahreszeiten hindurch feststeht und ein Zufluchtsort sein kann. Durch die Erde wachsen wir Richtung Himmel. Und doch ist da auch die Wehmut, die meist die Hoffnung an der Hand hält, dass jedes Haus, auch wenn es mit noch so viel Liebe gebaut wird, am Ende nur ein Gasthaus auf dem Heimweg sein wird.

Während ich auf meiner neuen Lieblingsbank sitze und über das Ankommen philosophiere, pflanzt Heio in unserem Garten die Himbeersträucher, die wir aus unserem alten Zuhause mitgebracht haben, in die Erde. Es ist sein zuversichtliches Ja zu diesem Boden. Überhaupt ist Heio in diesen Tagen der fröhliche Pionier. Er hat sich schon mit dem polnischen Jäger aus einem der Nachbargärten angefreundet, nimmt an einer Ortsführung teil und bereichert mit seiner Anwesenheit die etwas trostlose Fußballkneipe um die Ecke. Ich staune. Ist das der Mann, der sich so schlecht von Altvertrautem lösen kann und lieber bewahrt, statt mutig Neues in Angriff zu nehmen? Wenn er das schafft, kann ich es auch! Ich will von ihm lernen. Das ist das, was das Neue erfordert: lernen! Fragen: Wie geht das? Wo finde ich das? Wie macht ihr das hier? Erstaunt ausrufen: Hier war ich noch nie! Neugierig erkunden und gelassen mit falschen Abzweigungen umgehen. Interessiert nach neuen Namen fragen und neue Geschichten hören und noch mal nach den Namen fragen. Zuver-

sichtlich zum Elternabend gehen, Kuchen aufs Dorffest tragen und mit der neuen Freundin einen Kaffee trinken und darauf vertrauen, dass sie mich auch dann noch mögen wird, wenn sie mich kennengelernt hat.

Eugene Peterson schreibt in der Bibelübersetzung »The Message«, in der Einleitung zum Josuabuch, dass wir unser geistliches Leben nie im Abstrakten leben. Dass der Glaube wenig Toleranz hat für »große Ideen«, »grandiose Wahrheiten« oder »inspirierende Gedanken« getrennt von den Menschen und Orten, an denen sie sich zutragen. »Gottes große Liebe und seine

Absichten mit uns werden hineingearbeitet in das Durcheinander, die Stürme, die Sünde, den blauen Himmel, den Alltag, in die Sehnsüchte unseres gewöhnlichen Lebens«, schreibt er. Und er fährt fort, dass diese Erkenntnis frustrierend für uns sein kann, wenn wir am liebsten aus unseren Umständen fliehen würden. Aber für »die Männer und Frauen, die mehr und nicht weniger Realität wollen, ist das die Fortführung unserer Erlösungsgeschichte. Josua legte ein festes Fundament für ein geerdetes Leben.«[34] Ein geerdetes Leben! Was für ein wunderbarer Ausdruck. Ich sehe es vor mir, wie Josua seine Leute ermutigt, ihr Stück Land in Besitz zu nehmen. Sich der Realität dieses geerdeten Lebens zu stellen. Sklaven schulen zu Farmern und Schafzüchtern um. Roden ihren eigenen Boden, um Pflöcke festzustecken, wo sie ihre Häuser bauen wollen und wo der Stall seinen Platz findet. IHR Land! Von Gott gegeben. Zum Bebauen und Gestalten. Jeder bekommt ein Stück Land. Außer den Leviten. Ihr Erbteil ist allein der Herr. Was für ein Erbe! Lange Zeit meines Lebens dachte ich, dass mein Weg ihrem ähnlich sei. Meine Freunde gründeten Familien und bauten Häuser und ich dachte: Mein Erbteil ist der Herr. Ich bin ja nur ein Gast auf Erden. Ich bewundere Menschen mit so einer Berufung zutiefst. Sie zeigen mir etwas von der Freiheit der Dinge. Von leichtem Gepäck und fokussiertem Blick aufs Wesentliche. Sie zeigen mir, dass Gott allein genug ist. Mehr als genug. Aber dieser Gott hatte andere Pläne mit mir. Er hat mir ein Stück Land zugeteilt. Feste Grenzen. Vielleicht hätte ich sonst zu getrieben gelebt. Mein Schöpfer weiß es. Er hat mir Menschen geschenkt, die auf dieser Weltreise mein Zuhause geworden sind. Rotznasen, stinkende Wäsche und Wutanfälle inbegriffen.

Ich schaue immer noch auf die sanften Hügel vor mir. In ihrer Mitte eingebettet liegt unsere kleine Siedlung. Ich will Ja sagen zu diesem Stück Land, das Gott uns hier zugeteilt hat. Ich will es in Besitz nehmen. Ich will auf diesen Wegen glauben lernen und in diesen Boden meine Hoffnung pflanzen. Ich will in diesem Zuhause lieben und scheitern und weiter lieben. Ich will unter diesen Menschen mit diesen Nachbarn, Gottes Reich erleben. Ich will sehen, wie sich sein Leben hineinarbeitet in die gesegnet gewöhnlichen Tage und in die Stürme, die über dieses Stück Land hinwegziehen werden. Mit Heimweh im Herzen ramme ich unsere Flagge in diesen Boden, den Gott uns geschenkt hat.

In mir klingen die Worte, die er zu Josua gesagt hat: »Sei stark und mutig!« Und: »Jeden Ort, auf den eure Fußsohle treten wird – euch habe ich ihn gegeben!«[35]

. . . .

Wurzeln Richtung Himmel
Es ist noch früh am Morgen.
Die Welt draußen ist gerade dabei aufzuwachen.
Heute tue ich mich schwer
mit dem Wachsein,
mit dem Hiersein.
So wenige Worte in mir,
mit denen ich beten könnte.
Mein Gebet ist heute diese müde Hand,
die ich Gott hinhalte
wie eine leere Schale.
Tatsächlich sehen meine Finger wie Wurzeln aus,
dicke, knollige Wurzeln,
die sich nach oben strecken,
die mich an diese ewige, unsichtbare Welt erinnern,
in die ich hineinwachsen will
durch den dunklen, satten Boden dieser Erde.
Heute ist diese Geste meine ganze Sehnsucht,
die ich still und hoffend
Gott entgegenhalte.[36]

·14·

Liebe in hitzigen Zeiten

Langsam, aber sicher steigen die Temperaturen Richtung Hochsommer. Es ist die Jahreszeit, in der ich bei jeder Wettervorhersage neidisch Richtung Norden schiele und Heio wiederholt frage, ob wir nicht nach Hamburg umziehen können (sozusagen als erste Klimaflüchtlinge aus Baden-Württemberg). Ich weiß, andere haben viel mehr unter den Folgen der Hitze zu leiden als wir. Ich sehe die Waldbrandbilder in der Tagesschau. Menschen stehen fassungslos vor ihren ausgebrannten Häusern und Helikopter fliegen kilometerlang über abgebrannte Wälder. Wenn ich in tropischen Nächten (mein Unwort des Jahres!) wach liege, kann ich mir nicht vorstellen, was es bedeuten würde, ohne das schützende Dach und den brummenden Ventilator dieser Hitze ausgesetzt zu sein. Und wenn am nächsten Abend der Wind aus Richtung Wald dann doch etwas auffrischt, bin ich so dankbar, dass wir nun auf dem Land leben dürfen und nicht mehr im Hitzekessel Stuttgarts. Heiß war er, unser letzter Sommer in der Stadt! Und zu der äußeren Hit-

ze schien ein Funke in das Herz unseres Nachbarn geflogen zu sein, der ihn in flammende Wut gegen unsere Familie versetzte. In den Monaten zuvor hatten wir uns immer besser verstanden. Hatten gemeinsam Kuchen gegessen und im Garten gefeiert, die Fußball-WM unterm Apfelbaum geschaut, Milch und Eier ausgeliehen – all das, was gute Nachbarschaft ausmacht. Und dann hat irgendetwas diesen Mann gegen uns aufgebracht. Statt freundlicher Worte kamen wütende Beschimpfungen vom Balkon.

Zuerst waren wir einfach nur fassungslos. Wir versuchten freundlich zu bleiben. Alle möglichen Ärgernisse zu beheben. Die Kellertür immer zu schließen. Die Schuhe ordentlich im Gang aufzureihen. Es änderte nichts. Die Wut und die Angriffe gegen uns blieben. Ich neige schon von Natur aus zur Annahme, dass wir für andere eine Belastung sind und war nun ständig angespannt, was meine Familie zu spüren bekam. Es brachte mich zur Weißglut, wenn Heio im Garten seine Werkzeuge stehen ließ oder wenn Samuel seine Schuhe achtlos vor die Tür warf. Aber meine Wut richtete sich auch gegen den Nachbarn. Wie konnte er nur?! Was hatten wir ihm getan? Wie kam er dazu, mich und – was noch viel schlimmer war – mein Kind so zu beschimpfen? Die Löwenmutter in mir war bereit zu kämpfen, zurückzuschlagen und sich zu wehren (den Love-your-neighbour-Button hatte ich schon vorsorglich von meiner Jacke entfernt ...). Am liebsten hätte ich Feuer vom Himmel regnen lassen – was aber natürlich dummerweise auch uns selbst getroffen hätte. Und irgendwie hatte ich auch das leise Gefühl, dass Gott ein klein wenig andere Pläne hatte. Ich kaute an den harten Brocken der Bergpredigt: »Ich aber sage euch: ›Liebt eure Feinde! Wenn ihr nur liebt, die euch lieben, was tut ihr Besonderes?‹« (nach Matthäus 5,44.46).

Ehrlich: Manchmal wünschte ich, das Christsein wäre ein bisschen mehr Räucherwerk und *Omm* und Kleine-Nadeln-in-Puppen-Stecken. Aber es ist so schrecklich praktisch.

Und so wahnsinnig konkret! »Liebe Gott. Liebe deinen Nächsten wie dich selbst. Damit erfüllst du das ganze Gebot« (nach Markus 12,30-31). Das geht wohl nicht eine Nummer kleiner? Lieb haben. Herz nicht verschließen. Sich öffnen für Gottes Liebe. Und damit auch für den anderen. Ich fühlte mich dazu wirklich nicht in der Lage. Aber ich wollte gehorsam sein. Und so einen festen Feind hatte ich ehrlich gesagt noch nie. Das war eine ganz neue Erfahrung.

Neu waren auch die Bibelworte, die mich ich dieser Zeit trösteten. Bisher hatte ich sie meist überflogen, weil sie mir eher unpassend und so wenig geistlich vorkamen. Jetzt aber fügten sie sich wunderbar in meine Gebete. Zum Beispiel diese Worte von David, die so gar nicht klingen nach »sanftmütig auf der Harfe vorzutragen«: »Befreie mich von meinen Feinden, mein Gott! Bring mich in Sicherheit vor denen, die sich gegen mich erheben! Befreie mich von denen, die Böses tun und rette mich von den Blutmenschen [...] Vertilge im Zorn, vertilge, dass sie nicht mehr sind« (Psalm 59,2.3.14). Ich würde sagen, das ist die Punkmusik der Psalmen! Hinter jedem Satz ein Ausrufezeichen. Wut und Verzweiflung. Hilfeschreie von David, der sein halbes Leben lang von Feinden gejagt wurde.

Warum stehen solche Sätze in der Bibel, könnte man fragen? Der Theologe Timothy Keller antwortet darauf: »Gott weiß, welche Sprache die Menschen brauchen, wenn sie verzweifelt sind. Und er gibt uns Worte dafür.«[37] Ach, ich liebe die Bibel. Gerade auch für ihre rauen Kanten und die verworrenen Geschichten, die uns Gott zumutet. Weil sie genau so mitten in das raue Leben passt! Jesus selbst hat in seiner tiefsten Verzweiflung auf ein Psalmgebet zurückgegriffen, als er rief: »Mein Gott, mein Gott, warum hast du mich verlassen?«[38] Genau hier, im Blick auf Jesus am Kreuz wurde mir klar: Der Feind ist nicht der Feind! Der Kampf geht nicht gegen den Nachbarn, auch wenn die Ereignisse mir das so vortäuschen wollen. Aber es gibt eine Hintergrundgeschichte, die ich in meiner Wut fast übersehen hätte: Da ist Gottes Feind, der zerstören und kaputt machen will, um Gottes Herz zu treffen! Und wie könnte er das besser tun, als Zerstörung unter den Menschen anzurichten, die Gott so unendlich liebt? Was trifft ein Vater- oder Mutterherz mehr, als wenn die eigenen Kinder leiden und sich gegenseitig wehtun? Doch welche Liebe zeigt uns Gott, dass er seinen einzigen Sohn schutzlos am Kreuz den Angriffen ausgesetzt hat! Damit am Ende dieser Feind in unserem Leben kein Aufenthaltsrecht mehr hat. »Hass ist krass. Liebe ist krasser.« Das ist ein Psalmwort der Jesusfreaks (und Punklobpreis ist an dieser Stelle durchaus angebracht für diesen wunderbaren Gott!).

Also machte ich mir in dieser hitzigen Zeit immer wieder klar: Mein Feind ist nicht unser Nachbar! Auch er kämpft und leidet in dieser kaputten und wunderbaren Welt, in die Jesus hineingeboren wurde um uns ALLE zu suchen und zu retten. Und in diesen Wochen tat ich das, was jedes Kind tut, wenn es ihm nicht gut geht: Ich rannte zu meinem himmlischen Papa, um mich trösten zu lassen. Manchmal vor Wut schluchzend. Manchmal einfach nur stumm vor Verzweiflung. In der Hitze des Sommers war Gott mir Schatten. Abkühlung. Zufluchtsort. Ein Sonntag ist mir besonders in Erinnerung geblieben. Ich war so fix und fertig von dem Ganzen, dass ich Heio und Samuel alleine in den Gottesdienst schickte. Nachdem ich in unserem Wohnzimmer sämtliche Rachepsalmen durchgebetet hatte, meinte ich, das sanfte Flüstern dieses liebenden Gottes zu hören: »Mein Kind, vertrau mir. Ich werde euch einen Ausweg schaffen. Ich werde eure Füße auf weiten Raum stellen. Ich werde für euch kämpfen. Was du tun kannst, ist: segnen. Und singen!« Singen. Ehrlich? Mir war so viel mehr nach Schwert-Schwingen als nach Segnen und Singen! Nun könnte man denken, Gott wollte mich mit seinem Vorschlag nur ein bisschen beschäftigen (während er die Sache alleine erledigte). Aber die kleine Charismatikerin in mir weiß es besser: Mein Schwert war mein Lied! Also habe ich angefangen zu singen, auch wenn mir so gar nicht danach war. Nicht ganz so laut (ich wollte dem Nachbarn nicht noch mehr Anlass zum Ärgernis geben!), aber trotzig und voller Inbrunst: »I raise a halleluja in the presence of my enemy!«[39] Jedes Mal, wenn ich Gott angebetet hatte, wurde mein Vertrauen ein bisschen größer. Mein Gebet klang nicht mehr ganz so verzweifelt, sondern es ging eher in die Richtung: Jesus, ich bin gespannt, wie du diese Situation zu unserem Besten führen wirst! Und ich bin gespannt, was für einen Ausweg du uns schaffen wirst. Zwischendurch rollten auch immer wieder Verzweiflungswellen über meine Seele. Aber langsam kam etwas in mir zur Ruhe und fing an, vertrauensvoll und ruhig auf Jesus zu schauen. Vielleicht lag in diesem Blick schon ein wenig Heilung für mein Herz, das immer wieder mit Menschenfurcht kämpft und oft so viel mehr auf Menschen blickt als auf Jesus.

Ich habe gelesen, dass es bestimmte Pflanzen gibt, die große Hitze benötigen, damit ihre Samen aktiviert werden. Das ist zum Beispiel bei einigen Nadelbäumen so, auch bei den großen Mammutbäumen. Ihre fest verklebten Zapfen öffnen sich erst durch Feuer. Dann können die Samen bis zu 150 Meter weit fliegen! Die Asche ist ein idealer Boden zum Wurzeln der Samen, ein richtiger Turbobeschleuniger, um neues Leben hervorzubringen. Feuer bedeutet also nicht nur Zerstörung, sondern für mache Landschaften auch Regeneration. Manchmal werden sogar kontrollierte Brände mit niedrigen Temperaturen und Flammenhöhen gelegt, um neues Wachstum in den Wald zu bringen.[40] Und nun frage ich mich: Kann es sein, dass Gott manchmal kontrollierte Brände in unserem Leben legt? Der feurige Gott![41] Ein Gedanke, der so rau und verworren daherkommt wie das geschriebene Wort, das er uns gegeben hat. Oder, wenn er nicht Feuer schickt, kann es zumindest sein, dass er es ganz bewusst zulässt (was ein wenig besser, aber nicht weniger gefährlich klingt)? Kann es sein, dass unter seiner Kontrolle in manchen Zeiten eine große Hitze in unser Leben kommt, in der Samen aufgehen können, die sich sonst niemals öffnen würden?

Was ich heute sehen kann, ein Jahr nachdem diese kleine Feuersbrunst über uns hinweggezogen ist: Gott hat einen Ausweg geschaffen. Er hat uns ins Weite geführt. Ein weites Wohnzimmer und die weiten Felder um uns herum erinnern mich täglich daran. Gott hält Wort. Und das andere, was ich im Rückblick sehen kann, ist: Ungemütliche Situationen bringen uns manchmal dazu, Wege zu gehen, die wir eigentlich schon lange gehen wollten, aber aus Bequemlichkeit nicht angepackt haben.

Im Nachhinein bin ich froh, dass ich nicht im Zorn gegangen bin – wie ich es so gerne getan hätte! –, sondern erst dann, als wir wieder freundlich miteinander reden konnten. Okay, das wurde erst möglich, als unser Nachbar wusste, dass wir umziehen werden, aber immerhin. Es gab sogar ein Abschiedsgeschenk für uns!

Vielleicht haben sich durch die Hitze in meinem Leben sogar ein paar Samen geöffnet, die ich so gerne hätte? Vielleicht wird meine Menschenfurcht von der Freiheit in Jesus langsam aber bestimmt zur Seite gedrängt? Wenn ich genau hinschaue, dann meine ich tatsächlich eine kleine, zähe Pflanze zu erkennen, die vorher noch nicht da war. Mir kommt der Satz in den Sinn, den ich vor langer Zeit einmal gehört habe: »Die Früchte, nach denen wir uns am meisten sehnen, wachsen in den Zeiten, die wir am wenigsten lieben.«

Nun sitze ich auf unserem Balkon. An unserem neuen Ort. Es ist Abend geworden. Die Grillen zirpen, fröhliches Stimmengewirr kommt aus den Nachbargärten und der Geruch von Kohlefeuer liegt in der Luft. Ich wische mir den Schweiß von der Stirn und hebe mein Glas: Auf den Gott, der für uns kämpft! Auf seine Liebe, die sanfte und stärkste Kraft dieser Welt, die uns auf geheimnisvolle Weise alles zum Besten dienen lassen kann! Darauf, dass jede hitzige Zeit irgendwann ihr Ende findet! Und auf die Früchte, die durch das Feuer entstehen! Mögen sie in uns zur Reife kommen.

· 15 ·

Zugabe

Offiziell ist der Sommer für mich mit dem Schulstart vorbei. Samuel kämpft sich müde aus dem Bett und ich kämpfe mit der Tatsache, dass er fast jeden Tag zur ersten Stunde in der Schule sein muss. Wir suchen fröstelnd nach den warmen Pullis, die hinter die Stapel Sommerkleider gerutscht sind. Die tief stehende Sonne gießt ihre Strahlen wie flüssiges Gold über unseren Küchentisch und wirft lange Schatten hinter uns, während wir Richtung Schule laufen. Wieder zu Hause nehme ich mir vor, unsere Winterjacken aus dem Keller zu holen, da verkündet der Radiosprecher, dass die Temperaturen kommendes Wochenende noch einmal auf 30 Grad steigen werden. Spätsommertage! Wie schön. Wenn ich auch froh bin, dass die heiße Jahreszeit nun hinter uns liegt – die letzten Spätsommertage genieße ich! Wenn der Sommer noch ein letztes Mal um die Ecke schaut mit all den Gerüchen und Erinnerungen der letzten Wochen, aber ohne die drückende Hitze im Gepäck.

Wir holen noch einmal die bunten Stuhlkissen aus der Garage und setzen uns auf die angerosteten Gartenstühle. Ich halte das Gesicht in die Sonne, während neben uns die Pfirsiche mit einem satten Plopp auf dem Rasen landen. Auch die Trauben an unserer Laube hängen schon prall und schwer an den Ästen und können wohl bald geerntet werden. Heio konnte sein Glück kaum fassen, als er entdeckte, dass die Vorbesitzer hier echte

Weinranken angepflanzt hatten. Es war seine besondere Zugabe zu dieser Wohnung. Die Zugabe, über die ich mich an meisten gefreut habe, war die zurückgelassene Hollywoodschaukel. So eine Schaukel war für mich von klein auf das Sinnbild von Luxus. Ein Luxus, den meine Barbiepuppen – in stark verkleinerter Form – genießen durften, der aber doch niemals in meinem echten Leben auftauchen würde. Dachte ich. Ich bin in einem pietistisch geprägten Elternhaus im Schwarzwald aufgewachsen (ganz wenig Hollywood!) und da galt das Motto: »Was wir nicht haben, brauchen wir nicht.« Und so eine Schaukel braucht man nun definitiv nicht. Nun stand aber tatsächlich bei unserem Wohnungseinzug so ein Teil in unserem Garten. Ein Geschenk der Vorbesitzer, deren Umzugswagen viel zu voll geworden war. Dadurch blieb uns, neben der Schaukel, auch noch ein großer Jamie-Oliver-Grill. Nun sitzen wir hier, in der Spätsommersonne, essen saftig-süße Pfirsiche, die wir weder gepflanzt noch begossen haben, ich schaukle auf der Hollywoodschaukel sanft hin und her, während der Mann den Grill noch mal anheizt. Eine Jahreszeit zum Genießen. Mit Zugaben ohne Ende. Freude an dem, was man eigentlich nicht braucht, aber was einfach wunderbar ist!

So ging es mir auch im Ibizaurlaub mit Heio, bei dem wir unsere Freundin Helen besuchten. Heio und ich waren noch nicht lange zusammen und ziemlich verliebt! Wir lagen am Strand, bejubelten Delphine, aßen leckere Paella, schauten uns dabei lange in die Augen und trödelten im Anschluss über einen dieser bunten spanischen Straßenmärkte, auf denen vor allem deutsche Althippies ihr Zeug anbieten. Ich blieb an einem Stand mit hübschen Fingerringen hängen. Einer davon passte sogar wie angegossen auf meine weniger grazil geformten Finger. Mein Zukünftiger stand neben mir und erkundigte sich, ob ich den Ring haben wollte. Ich seufzte: »Er gefällt mir schon sehr! Aber eigentlich brauche ich ihn nicht ...«, was den besten aller Männer dazu veranlasste, mit entspanntem Nicken zum nächsten Stand weiterzuschlendern.

An dieser Stelle ein Wort an meine – überschaubare – männliche Leserschaft (für die sich dank folgendem Hinweis der Buchkauf gelohnt hat!): Wenn eine Frau sagt: »Ach, eigentlich brauche ich es nicht ...«, dann will sie es haben! Und wenn ihr sie glücklich machen wollt, kramt euer Geld zusammen und schenkt ihr, was sie nicht braucht. Luxus! Liebe! Hollywoodschaukel! Alles Zugaben eines großzügig, liebevollen Herzens. Zugaben, die an Gottes Reichtum und seine Freude, uns zu beschenken, erinnern. Und glaubt mir: Als Frau, die mit 40 Jahren geheiratet hat und mit 42 Jahren ihr erstes Kind in den Armen hielt, habe ich Erfahrungen mit Zugaben. Dass ich in diesem Moment hier sitzen und schreiben darf, ist auch so ein riesiges und völlig unerwartetes Geschenk für mich. Und dass nun eine Freundin bald ihr eigenes Cafe aufmachen möchte und ich vielleicht dort ab und zu mithelfen kann, ist noch so ein kleiner Traum der irgendwo, ganz hinten in meinem Herzen, gewartet hat und schon sicher war, dass seine Nummer nicht mehr aufgerufen wird. Gestern haben wir zusammen die Räume besichtigt (jetzt noch ein dunkles Casino-Loch). Wir haben unsere ganze Vorstellungskraft aktiviert und uns ausgemalt, was hier entstehen könnte. Ich habe die Freundin in den Räumen gesehen, die daraus kuchenbackend und Leute umarmend einen wunderbaren, warmen Platz machen wird. Und irgendwo zwischen den hellen Holztischen habe ich mich gesehen. Eine leicht übergewichtige Frau über 50, die mit roten Wangen versucht, die Scones mit selbstgemachter Marmelade am richtigen Tisch abzustellen (ohne sie vorher aufzuessen!) und den umherspringenden Kindern über den Kopf streicht. Spätsommer.

Während ich hier schreibe und mir dabei, wie so oft, kritisch über die eigene Schulter schaue, denke ich: Wirklich? Hollywoodschaukel? Jamie Oliver? Scones? Ist das nicht ein bisschen zu viel Rosamunde Pilcher und Zugabe und Dinge, die man eigentlich nicht braucht? Dinge, die uns auch niemals verheißen wurden? Ja, es sind Zugaben; zu dem großen Hauptgewinn der meiner ist, seit mein Erlöser mich gerufen hat, ihm nachzufolgen. Und, ja, Gott kann auch hart sein und fordern und uns manches zumuten. Manchmal ist er Sommerhitze und Wintersturm in einem. Er gibt anders, als die Welt gibt. Er ist der Vater, den wir oft nicht verstehen, der in vielen Momenten nur ruhig sagt: »Vertrau mir. Und folge mir nach.«

Aber er kann auch Spätsommer! Oh ja! Er kann geben, dass dir das Herz schmerzt vor Freude. Er kann dich überraschen mit etwas, wovon nicht einmal du selbst wusstest, dass es dich froh und lebendig macht. Er kann alte Träume aufwecken und plötzlich schlägt deine Vorstellungskraft Purzelbäume. Er kann einer Gemeinschaft, die müde war und bereit zu sterben, wieder das Herzklopfen junger Liebe schenken. Er kann Räume mit Lachen füllen, in denen schon der Abschiedsschmerz Einzug gehalten hatte. Er kann die leeren Gläser, die schon abgeräumt wurden, noch einmal auf den Tisch stellen und uns einschenken, dass es überläuft. Und wir schmecken seine verschwenderische Liebe: voll und würzig und warm.

Er gibt mehr als das, was nötig ist. Er macht mehr wahr, als er verheißen hat. Er kommt liebend gern mit einer Zugabe um die Ecke, wenn wir schon lange denken, dass es sich erledigt hat. Seine Gnade bricht wie das Spätsommerlicht in die Jahreszeit, in der wir uns schon innerlich auf die Kälte einstellen. Er lacht uns an und sagt: »Ach, ehe wir's vergessen: Ich hab da noch was für dich: eine kleine Zugabe.« Es ist wie ein Echo der Worte, die er durch den Propheten Jeremia seinem Volk ausrichtete: »Es wird mir eine Freude sein, euch Gutes zu tun und in diesem Land einzupflanzen« (Jeremia 32,41). Alles, was wir in solchen Zeiten tun können, ist, dieses geschenkte Gute einfach von Herzen zu genießen. In diesem Sinne werden wir noch einmal feiern. Wir werden Freunde einladen und ein kleines Grillfest veranstalten, bevor die Hollywoodschaukel endgültig winterfest weggeräumt wird.

· ·

»Ich bin immer noch überrascht darüber, wie interessiert Gott an dem ist, was mich interessiert und was ich denke und was wertvoll für mich ist. All diese ganz vergänglichen Dinge: Er rührt sie an und wirkt darin – einfach weil er mich mag.«
BILL JOHNSON[42]

· 16 ·

Schabbat Schalom!

Mit dem Schulanfang beginnen nun auch wieder unsere regelmäßigen Gottesdienste. Die langen Sonntage, die wir am nahen Waldsee vertrödelt haben, sind nun zu Ende. Wir versuchen unseren Familienrhythmus wieder dem Rhythmus einer größeren Gemeinschaft anzupassen. Das klappt leider noch nicht so gut. Schon vor den Sommerferien waren die Sonntage oft so voll und anstrengend, dass ich abends erschöpft auf unserem Sofa zusammengebrochen bin und zu Heio sagte: »Jetzt liegt eine ganze Woche vor mir und ich weiß nicht, woher ich die Kraft nehmen soll, sie zu bewältigen!« Um das besser zu

verstehen, müsstet ihr nur am Sonntagmorgen einen Blick in unser Zuhause werfen. Ihr könntet mich dabei beobachten, wie ich verschlafen und hektisch zugleich (zwei Gemütszustände, die sich einfach nicht vertragen!) durch unseren Kühlschrank wühle. Wir beginnen nämlich unseren Gottesdienst mit einem gemeinsamen Frühstück – was ich wirklich herrlich finde! Aber weil ich meistens montags einkaufe, suche ich am Sonntagmorgen verzweifelt die kärglichen Überreste der vergangenen Woche zusammen. Heio sitzt währenddessen nicht selten noch vor dem Computer, um seiner Predigt den letzten Schliff zu geben oder stellt noch die Dateien für die Lieder zusammen. Während er dann unter dem Stapel der Liederhefte seine Gitarre sucht, stolpere ich über das mit Autos spielende Kind, das im Schlafanzug im Gang liegt und jammert, warum wir bloß immer als Erste vor Ort sein müssen. Ich erkläre ihm, dass Papa dafür Geld bekommt, anwesend zu sein, und dass wir den Schlüssel haben – was Heio dazu bringt, nach dem Schlüssel zu suchen. Mir fällt noch ein, dass ich Deko für die Tische brauche, und renne noch schnell in den Garten. Blätter. Früchte. Blumen. Irgendwas der Jahreszeit Entsprechendes wird in die Tasche geworfen. Wieder in der Küche trinke ich im Vorbeigehen ein paar Schlucke Kaffee. Ein kurzer Blick in die Bibel, während der sonst so ruhige Mann im Befehlston eines Offiziers den planmäßig angesetzten Aufbruch in fünf Minuten verkündet. Wir springen wie die Feuerwehrleute in unsere Klamotten und Schuhe, jeder schnappt sich eine der Taschen, die am Ausgang liegen, und dann laufen wir Richtung Auto. Dass Heio nicht schon losfährt und wir in den fahrenden Wagen hechten müssen, ist alles. Ich sinke völlig geschafft auf dem Beifahrersitz zusammen und schimpfe, dass ich SO unsere Sonntage NIE MEHR beginnen will! Dass wir DRINGEND etwas ändern müssen. Den Rest der Fahrt verbringen wir dann meistens in tiefem Schweigen, um Kraft zu sammeln für den Aufbau vor Ort und damit wir unsere Gemeinde fröhlich lächelnd begrüßen können. Auf der Bundesstraße überholen wir das eine oder andere Auto mit Fischaufkleber. Am Steuer sehen wir ähnlich gestresste Familienväter, müde Mamas und Kinder, die sich gegenseitig mit ihren hübschen Haarschleifchen erwürgen. Schabbat Schalom!

Okay, das mit den Schleifchen war übertrieben, alles andere ist aber realistisch dargestellt. Leider. Ihr seht: Wir müssen dringend etwas ändern! Und wie in jedem Bereich beginnen Veränderungen zu oft mit einem gewissen Leidensdruck und mit der Erkenntnis, dass es so nicht weitergehen kann, zumindest in meinem Fall.

Im Moment stecken wir daher mitten im Familienprojekt »Schabbat Schalom«. Wir versuchen zum Beispiel den Ruhetag – ganz jüdisch – schon am Abend vorher beginnen zu lassen. Oft vergessen wir es noch, aber viel öfter denken wir dran und zünden unsere Schabbatkerze an und wünschen uns einen gesegneten Schabbat. Mein Wunsch, dass sich daran eine liturgische Sonntagsbegrüßung anschließt, mit einem Festmahl bei Kerzenschein, kollidiert mit dem Wunsch der beiden männlichen Mitbewohner, sich in Ruhe der Sportschau zu widmen. Das hat mich anfangs sehr geärgert (könnten wir doch so viel heiliger leben, wenn ich alleine das Sagen hätte!). Inzwischen bin ich aber mit dem Gedanken versöhnt, dass es beim Schabbat nicht nur um das Ausruhen, sondern auch um das Feiern geht. Und das sieht für jeden anders aus. Für Heio und Samu ist es ein Fest, ausnahmsweise am Wohnzimmertisch zu essen und nebenher die Tore von Bayern München zu bejubeln. Also beginnt unser Schabbat ganz oft mit der Sportschau und einem kühlen Bier auf dem Tisch. Vorher schalte ich aber noch meinen Computer aus und das bleibt er auch bis Sonntagabend. Keine Mails mehr checken. Keine guten Gedanken ins Manuskript schreiben – auch die Kreativität braucht eine Pause. Im Haushalt versuche ich, größere Aktionen am Samstagabend zu beenden. Das alles fällt mir nicht leicht. Aber immer, wenn ich es schaffe, merke ich, wie gut mir das tut. Wie meine Seele aufatmet in dem Wissen, dass ich alles liegenlassen darf und die Welt sich trotzdem weiterdreht. Das schafft Demut. Und innere Gelassenheit – und diesen beiden möchte ich so gern mehr Raum in meinem Leben geben!

Die größte Herausforderung ist aber weiterhin unser Sonntagvormittag. Die letzten Male war es immerhin schon besser. Weil wir nämlich versuchen, schon am Samstag vor dem Kerzenanzünden – auch wieder ganz jüdisch – Vorbereitungen zu treffen. Es ist erstaunlich, wie viel entspannter es am Sonntagmorgen ist, wenn die Predigt fertig ausgedruckt im Rucksack liegt, wenn die Kühltasche mit vorbereitetem Essen bereit steht und wenn alle Taschen schon gepackt im Auto liegen. Letzten Sonntag wussten wir gar nicht, was wir mit der ganzen Zeit anfangen sollen vom Aufwachen bis zum Losfahren. Da konnte ich doch tatsächlich in Ruhe meine Bibel lesen UND mit Samuel durch seinen Playmobil-Prospekt blättern (sein derzeitiges Lieblings»buch«). Wir gingen entspannt zum Auto und waren voller Vorfreude auf unseren Gottesdienst. »So müsste es jeden Sonntag sein«, seufzte ich zufrieden auf dem Beifahrersitz. Und, nein, so ist es noch nicht jeden Sonntag. Wir schlittern ständig zurück und wir stolpern vorwärts. Aber ganz langsam wird der Sonntag zu einem Tag, auf den wir uns freuen.

Ich bin heute mehr denn je davon überzeugt, dass Gott uns mit dem 3. Gebot ein riesiggroßes Geschenk gemacht hat! Abraham Joshua Herschel schreibt in seinem Buch über den Schabbat, dass man erwarten könnte, Gott würde nach dem Schöpfungsakt den Menschen einen heiligen Ort, einen Fels oder Berg geben. Aber was Gott geheiligt hat, war kein Ort und auch kein Gebäude. Was er uns geschenkt hat, war »Heiligkeit der Zeit«[43]:

»Sechs Tage sollst du arbeiten und all deine Arbeit tun, aber der siebte Tag ist Sabbat für den Herrn, deinen Gott [...] Denn in sechs Tagen hat der Herr den Himmel und die Erde gemacht, das Meer und alles was in ihnen ist, und er ruhte am siebten Tag; darum segnete der Herr den Sabbattag und heiligte ihn« (2. Mose 20,9.11).

Ein Tag, der gesegnet und geheiligt ist. Ein Tag, der uns sagt, dass wir ausruhen dürfen. Ein Tag, der uns daran erinnert, dass es nicht auf unsere eigenen Bemühungen im Leben ankommt, sondern auf Gottes Handeln. Ein Tag, an dem wir die Gegenwart Gottes in unserem Leben feiern und genießen dürfen – für uns alleine und in der Gemeinschaft mit den anderen, die mit uns zusammen Jesus nachfolgen (und ich glaube es würde vielen Gemeinden gut tun, dieses Geschenk der Zeit wieder bewusst anzunehmen. Es sind nicht die Programme, es ist die Zeit, die er heiligt!). Gott schenkt uns einen Tag! Einen Tag, an dem wir Zeit haben, um einander ausreden zu lassen. Einen Tag, an dem wir Gottes Güte in unserem Leben bewusst schmecken können, um dann gestärkt in die neue Woche zu starten.

Regeneration und Fruchtbarkeit. Arbeit und Ruhe. So sind wir geschaffen. Und wenn wir diesen Rhythmus der Ruhe in unserem Leben kultivieren, dann kann daraus etwas ganz Besonderes wachsen. Wayne Muller schreibt: »Im besten Fall werden wir füreinander zum Schabbat, zum Ruhetag. Wir werden zu einem Ort, an dem sich die Menschen, die uns nahestehen, Verlorene und Sorgenvolle, ausruhen können.«[44]

Ich kenne einige wenige Menschen, die so ein Ruheort sind. Sie sind nicht voll von sich selbst. Sie haben Zeit und Platz für andere. In ihrer Nähe wird man nicht repariert, man bekommt keine schnellen Ratschläge oder wird zur hektischen Betriebsamkeit aufgefordert. Sie sind einfach da. Sie hören zu. Sie umarmen, was ist und lassen sich von dem umarmen, der sagt: »*Kommt her zu mir, alle ihr Mühseligen und Beladenen! Und ich werde euch Ruhe geben.*«[45] Schabbat füreinander sein. Vielleicht ist das, umso älter wir werden, unsere tiefste Berufung.

Mit diesem weiten Blick nach vorne wollen wir es auch am kommenden Samstag wieder versuchen: Kerze anzünden, Computer ausschalten und Sportschau einschalten ... Wir üben weiter. So entstehen Rituale, die unsere Herzen formen. So entstehen kostbare Erinnerungen. Kleine Altäre auf unserem Heimweg.

. . . .

Ein Schabbatgebet
(zu sprechen beim Kerzenanzünden)

Wir danken dir, Gott, dass du uns einen Tag geheiligt hast
zum Ruhen und zum Feiern.

Wir legen den Rucksack mit Sorgen und Plänen ab
zusammen mit Ansprüchen, die uns knechten wollen.
Wir schieben die To-do-Listen in die Schublade
und schließen sie dort ein.
Einen ganzen Tag lang.
Alles Fertige und Halbfertige
geben wir jetzt in deine Hände.

Wir ergreifen diesen Tag als dein Geschenk.
Es ist an der Zeit, deine Großzügigkeit zu schmecken,
deine Schöpfung zu bewundern
und deine Gegenwart unter uns zu genießen.

Komm, lebendig machender Geist Gottes.
Sei willkommen.
Breite dich aus in den Stunden, die vor uns liegen,
belebe uns neu an diesem Schabbat.

Schenke uns den hoffnungsvollen Blick weit voraus
auf den Schabbat, an dem du alles vollenden wirst,
wenn alle Mühe und aller Schmerz dieser Welt enden
und wir für immer mit dir feiern dürfen.

L'chaim! Auf das Leben!
Auf jetzt und ewig!*

Amen.

(* diese Stelle ist zum Anstoßen
geeignet!)

·17·

Erntedank

Während wir weiter versuchen, unseren Sonntagen etwas mehr Leben zu geben, beginnt draußen meine liebste Jahreszeit! Von meinem Schreibtisch aus sehe ich die Wipfel der Laubbäume in unserem Garten. Einzelne Blätter fangen schon an, sich zu verfärben, und die Äste schwingen heute lebhaft hin und her. Gestern habe ich im Keller vergeblich nach unserer Herbstgirlande gesucht. Ich hoffe, ich finde sie heute. Denn so ein Herbst muss ordentlich begrüßt werden, finde ich. Mit Kürbissuppe und Kastaniensuche. Mit Büchern und Blättergirlanden. Mit Lagerfeuer und Laternenlaufen. Mit Stockbrot und Spaziergängen am frühen Abend, bei denen man sich vom Wind den Kopf frei pusten lassen kann. Und wenigstens einmal sollte man in dieser Jahreszeit in einen großen Blätterhaufen springen, einen Drachen steigen lassen oder beobachten, wie ein Kind mit quietschbunten Gummistiefeln durch eine riesige Regenpfütze hüpft – noch besser, wenn es nicht das eigene Kind ist! Abends kann man dann Socken stopfend Hörspiele hören, sich in unfertige Nähprojekte vertiefen (falls man welche hat und nähen kann – in meinem Fall: nein und nein) oder Urlaubsbilder sortieren. Seit einigen Wochen arbeite ich an einem Fotoalbum, das eine Überraschung für Heio zu unserem Hochzeitstag werden soll. Ich beschrifte und rahme Erinnerungen und zwischendurch betrachte ich die einzelnen Bilder mit einem breiten Lächeln. So viel Gutes wurde mir in die Hände gelegt, seit diesem Festtag im Herbst, an dem wir Ja zueinander gesagt haben! Zehn Jahre ist es jetzt her. Irgendwie kommt es mir wie gestern vor und wenn ich in den Spiegel schaue, dann weiß ich: Gestern ist eine ganze Weile her! Inzwischen ist dieses »Haus«, das ich bewohnen darf, schon ein wenig abgebröckelt und windschief geworden. Aber so ist das Leben. Vergänglich, wie der Herbst uns das vor Augen hält. Ich klebe also die um einiges besser aussehende Version meiner selbst auf die Seiten und stelle Heio die Frage, die mich seit einigen Wochen beschäftigt: »Kommt heute Nacht nun endlich der erste Frost?« Selten habe ich ihn so herbeigesehnt. Denn in diesem Jahr wird die erste Kältewelle unserem Hornissennest ein Ende setzen, das wir ganz brav, aus Umweltschutzgründen, den ganzen Sommer auf dem Balkon ertragen haben. Bald, ganz bald, wird sich die Königin in diesem Stock warm anziehen müssen, weil sie dann umzieht. Und wir winken fröhlich hinterher! Bis dahin dürfen die Hornissen abends noch ein bisschen gegen unsere Fenster rumsen (die machen nichts, die wollen nur spielen, sagt das Umweltamt!) und uns beim Basteln und Kleben beobachten.

Ach ja, ich mag den Herbst. Und es ist, wie meine Freundin Tine es erst gestern so treffend zu mir sagte: »Im Herbst kann man wenigstens so richtig melancholisch sein, weil es zur Jahreszeit passt.« Der Herbst hält uns unsere Vergänglichkeit vor Augen. Er zeigt uns, dass das Loslassen zum Leben dazugehört. Dass es gut ist, wenn wir die Dinge, die wir übers Jahr in die Hand genommen haben, nun ein bisschen locker lassen. Die guten Dinge, die wir bekommen haben und die wir mit Bilderrahmen versehen. Aber auch die schmerzlichen, die wir fest umklammert aus der heißen Jahreszeit mitbringen. Ich spüre, wie Gott mich liebevoll herausfordert, ihm die Wunden hinzuhalten, die ich aus unserem alten Zuhause mit hierher gebracht habe. Eigentlich hatte ich gehofft, sie dort zurückzulassen. Aber das ramponierte Herz ist mit umgezogen. Es zeigt sich an dem angehaltenen Atem, mit dem ich hier manchmal durch die Tage gehe, und daran, wie schnell ich mich darüber ärgere, wenn Samuel durchs Wohnzimmer hüpft, dass der Boden wackelt – vermutlich mitsamt den Kaffeetassen der syrischen Familie, die unter uns wohnt. Ich spüre die Angst, dass sich auch hier wieder Hass über uns ergießen könnte.

Gestern Abend, nachdem ich mal wieder so richtig über Samuels Verhalten ausgeflippt bin und wir uns wieder vertragen haben, sind wir noch eine Runde spazieren gelaufen. Es war einer dieser Herbstspaziergänge, bei dem das schräg stehende Licht der Abendsonne lange Schatten wirft und einem der Wind ins Gesicht bläst, als wolle er sagen: Lass die vielen Gedanken doch mal los. Halte nicht so viel fest. Versuche nicht ständig zu kontrollieren, was man nicht kontrollieren kann. Lass die Erwartungen los, die du an dein Kind hast und auch an dich selbst. Umarme, was ist. Umarme dein zerbrechliches Menschsein. Mach es wie die Blätter, die sich durch die Luft wirbeln lassen und frei und leicht zu Boden sinken. Spiel mit dem Kind Schattenfangen und lass dir lachend versichern, dass du deinen Schatten nicht loswirst, weil er eben auch zu dir gehört. Aber du bist mehr als Schatten. Du bist auch in Licht getaucht. Nimm den Apfel, der dir vor die Füße rollt, und genieße die Süße, die durch viele Sonnen- und Regentage gewachsen ist. Schmecke etwas von der Großzügigkeit deines Schöpfers.

Ach, was für ein Reichtum umgibt uns in diesen Tagen! Das regionale Obst und Gemüse füllt die Marktstände unserer Kleinstadt, dazwischen leuchten Sträuße aus Sonnenblumen und Dahlien. Das Kind kommt jeden Tag mit Hosentaschen voller Kastanien aus der Schule und ich stolpere über die Walnüsse in unserem Garten. Heio erntet die Trauben von unserer Laube und weiht den neuen Entsafter ein. Wir trinken aus kleinen Schnapsgläsern frisch zerpressten Traubensaft und lassen ihn auf der Zunge zergehen wie den edelsten Tropfen Wein (der nicht besser schmecken könnte!). Die Apfelernte auf der Obstwiese der Schwiegermutter ist in diesem Jahr sehr kläglich ausgefallen. Aber wie sagte es der Vater einer Freundin, ein alter Bauer, so treffend: »Eine gute Ernte ist Segen, eine schlechte Ernte ist Gnade.« In diesem Jahr weiß ich genau, was er meint! Nach dem vielen Kistenschleppen und den Veränderungen in diesem Sommer spüre ich so eine große Müdigkeit, dass ich die wenigen Äpfel auf den Bäumen wahrhaftig als Gna-

de empfinde. Im Gegenzug bin ich dankbar, dass andere eine gute Ernte hatten: Freunde versorgen uns mit den besten Tomaten von ihrem Acker und wir verarbeiten einen großen Kürbis aus Nachbars Garten. Ihre Großzügigkeit erinnert mich auch daran, die Menschen im Blick zu behalten, die Mangel leiden und deren Erntefelder zu wenig abgeben, um davon leben zu können. Ich folge einem Gott, der sein Volk immer wieder dazu aufgefordert hat, die Armen und Fremden im Land nicht zu vergessen. Er hat die Bauern angewiesen, bei der Ernte etwas auf dem Feld stehen zu lassen und auch Heruntergefallenes nicht einzusammeln, damit auch andere davon satt werden können.[46]

Der Herbst ist bestens dazu geeignet, einen dankbaren Blick in unsere »Vorratskammern« zu werfen und bewusst etwas von dem Segen abzugeben, den wir in diesem Jahr von Gott empfangen haben. An Gottes Altar dürfen wir auch, neben all dem Guten, den ganzen Sack an Sorgen abwerfen, den wir lange genug geschleppt haben. Gott wird versorgen. Auch morgen. Die himmlischen Vorratskammern sind ziemlich gut gefüllt! »Der

Wolken, Luft und Winden gibt Wege, Lauf und Bahn, der wird auch Wege finden, da dein Fuß gehen kann.«[47]

An solchen Sätzen will ich mein Herz festmachen wie eine Schnur am Drachen, um zuversichtlich in die nächste Jahreszeit zu gehen. Ich will mich nicht zu sehr fürchten vor den Herbststürmen, die Schmerz aufwirbeln können und Nester vom Balkon holen und jedes Jahr ein bisschen mehr von unserem Putz bröckeln lassen. Ich will auch dankbar wahrnehmen, was mit den Jahren langsam zur Reife kommt. Und ich will mich an allem freuen, was in der vergangenen Jahreszeit gewachsen ist und was wir aus der Ernte von anderen empfangen haben. Das können Geschichten sein, zwischen zwei Buchdeckel gepresst, die uns segnen. Gute Worte, Umarmungen, Erlebnisse, volle Einkaufstaschen, mit denen wir ein Festmahl für die ganze Familie zubereiten können. Und wo in diesem Jahr die Ernte karg war oder die Frucht ganz ausblieb, müssen wir nicht verzagen. Gott lässt wachsen. In manchen Jahren ernten wir im Überfluss und dürfen mit vollen Händen austeilen, und in den Jahren dazwischen erleben wir die Gnade, dass die Ernte nicht so groß ausfällt, weil wir kaum in der Lage wären, sie einzuholen. Diese Gnade dürfen wir in solchen Zeiten bewusst annehmen und auch an andere weitergeben. Und manches braucht auch ein wenig länger. Es gibt Samen, die wie stille Gebete erst nach Jahren in dunklem Boden aufgehen. Manches muss sich durch dunkle Schichten von Schmerz nach oben kämpfen, muss immer wieder begossen und vom Unkraut befreit werden. Es gibt Bäume, die müssen durch einige Jahreszeiten von Hitze und Sturm hindurch wachsen, bis ihre Äste bereit sind, Früchte zu tragen. Aber wie werden wir dann uns dann an der Ernte freuen! An Saft aus Früchten von Bäumen, die andere als unfruchtbar abgetan haben, tropfend vor der Freundlichkeit und Güte Gottes.

Es liegt noch eine Ernte vor uns! Auch daran erinnert uns der Herbst. Er lässt uns ein wenig vorkosten. Er lässt uns etwas davon schmecken, wie es sein wird, wenn einmal die langen Schatten hinter uns fallen und wir staunend die vollen Körbe nach Hause tragen und das große Erntedankfest jubelnd seinen Anfang nimmt.

· 18 ·

Heimatduft

Im letzten Jahr zu dieser Zeit, als die Blätter fielen, habe ich gemeinsam mit meiner Schwester unser Zuhause ausgeräumt. Das alte, gemütliche Schindelhaus im Schwarzwald, in dem wir aufgewachsen sind. Obwohl ich schon lange nicht mehr dort wohne, ist »Zuhause« immer noch dieser Ort. Das Dorf meiner Kindheit, in dem ich jede Straße und jeden Hügel kenne und die kleinen Schleichwege dazwischen. Über die Jahre hat sich einiges verändert – aber die Landschaft ist gleich geblieben. Immer wenn ich eine Ansammlung von Tannenbäumen sehe, überkommen mich Heimatgefühle.

Der Weg zu unserem Haus ist seit Jahren derselbe: am Ortsschild rechts abbiegen, die kleine Hauptstraße entlang, vorbei an der Kirche und am alten Schulhaus, dann rechts in die Einfahrt zum Hof. Am offenen Fenster im zweiten Stock wartete immer schon meine Mutter, um uns winkend und lachend zu begrüßen, meistens mit den Worten: »Endlich! Was hat denn so lang gedauert?« Nun ist das nicht mehr so. Wenn wir heute dort ankommen, ist das Fenster geschlossen und die Jalousien sind unten. Nur die stille Wohnung erwartet uns. Meine Mutter ist in ihrem himmlischen Zuhause angekommen und ich gönne es ihr von Herzen. Aber ich vermisse sie. Auch heute noch, nachdem das erste Trauerjahr beendet ist und der heftige Schmerz über den Abschied nachgelassen hat. Immer wieder kommt so ein Moment, in dem ich merke: »Ach, sie fehlt mir!« Das kann ausgelöst sein von so etwas Banalem wie einem Rezept, nach dem ich sie fragen möchte, bis zu einem wichtigen Ratschlag, den ich so gern von ihr hören würde oder von schönen Erlebnissen, nach denen ich zum Telefon greifen will, um ihr davon zu erzählen. Meine Mutter konnte sich so gut mitfreuen. Und mitfiebern. Und mitleiden. So wie das nur Mütter können.

Am liebsten hätte ich ihre Wohnung noch eine ganze Zeit unberührt gelassen: die Küchenschürze neben dem Spülbecken, Notizzettel am Telefon, die Hausschuhe neben dem Küchenstuhl, der Bademantel am Schlafzimmerschrank. All das hatte etwas Tröstliches; als wäre der Tod nur eine kurze Unterbrechung, ein Versehen und sie würde jeden Moment fröhlich lachend wieder die Treppe heraufkommen und uns in ihre Arme schließen. Aber genau diese Erinnerungen in jeder Ecke, an jedem Zentimeter in der Wohnung fielen meiner Schwester schwer. Für sie war klar: Mama ist weg, jetzt können die Dinge auch weg. Und weil ich wusste, dass sie ja irgendwie recht hatte, habe ich mich im herbstlichen Loslassen geübt. Ein Stapel für die Dinge, die weg können, einer für die Freundin, einer für bedürftige Familien in Rumänien und ein kleiner Stapel für mich. Dinge, die mir wertvoll sind. Kostbare Erinnerungen: ihre Armbanduhr, der abgenutzte Geldbeutel, ihr Losungsbüchle mit kleinen Notizen an der Seite. Ihren Lieblingspulli legte ich auf den Stapel, der nach Rumänien ging. Das wäre ganz in ihrem Sinne gewesen. Vorher roch ich noch einmal daran. Er roch noch so sehr nach Mama. Gerüche sind schwer zu beschreiben, aber sie können mich augenblicklich in eine besondere Stimmung versetzen. Erinnerungen wachrufen. An Menschen. Erlebnisse. Bestimmte Orte. Der Duft von frisch gebackenen Brötchen. Feuchter Waldboden. Flieder. Apfelkuchen. Buchseiten. Tannenreisig. Frisch gemähtes Gras. Benzin. Chlor. Tapetenkleister.

Manche Verbindungen können andere nicht verstehen. So ertappte ich Samuel kürzlich dabei, wie er genüsslich an seiner Sporthose roch. Als ich nachfragte, antwortete er: »Die riecht so herrlich nach Henrik!« Henrik war unser Nachbarjunge, den Samuel bewundert und liebt. Er ist zwei Jahre älter als er und deshalb bekommen wir manchmal die Klamotten, aus denen er rausgewachsen ist. Samuel erschnuppert seinen Freund auch noch nach mehreren Waschgängen und mit dem Duft kommt das Vermissen. »Wann darf ich denn endlich mal wieder mal mit Henrik spielen?«, fragte er seufzend, während er in die Hose stieg.

Leider verflüchtigen sich die Düfte schnell. Man kann sie nicht konservieren. Aber an manchem haftet der Geruch etwas länger. Das Lederarmband von Mamas Uhr zum Beispiel duftet immer noch ein wenig nach ihr. Immer mal wieder rieche ich daran. Da ist dieser tröstliche Geruch meiner Kindheit. Der Geruch von beständiger, inniger Liebe, von tausend Gebeten, von Umarmungen. »Komm her, mei Schätzle« und »Ich bin für dich da« und »Alles wird gut!« Der Duft des Vermissens. Manchmal frage ich mich, ob nicht auch unserer Schöpfung so ein Duft anhaftet von dem Gott, der sie für uns gemacht hat. Seiner Hände Werke, die ein Vermissen in unserem Herz auslösen und eine

Sehnsucht nach oben holen können, von der wir vielleicht gar nicht wussten, dass sie da ist.

Für mich ist die Nordsee so ein Sehnsuchtsort. Der Anblick der wild schäumenden Wellen an einem einsamen Strand. Weiter Horizont. Salzgeruch in der frischen Luft. Das Kreischen der Möwen, wenn sie sich gegen den Wind aufschwingen – es ist, als würden sie meine Seele an einen Ort ziehen wollen, den ich nicht kenne, aber den ich so sehr vermisse. Für andere sind es ruhige Seen, mächtige Berge, der kleine Bach hinter der Mühle, die Landschaft im Gesicht eines geliebten Menschen oder der alte Baum auf dem Feld. Es gibt so viele Sehnsuchtsorte, wie es Menschen gibt. Und vielleicht ist dieses Ziehen, das wir bei ihrem Anblick im Herzen spüren, eine Erinnerung daran, wo wir herkommen. Die dänische Schriftstellerin Tanja Blixen schreibt:

»So wenig es Zugvögel gibt, die ihren Weg nehmen nach wärmeren Gegenden, welche es gar nicht gibt, oder Flüsse, die sich ihren Lauf durch Felsen und Ebenen bahnen und einem Meer entgegenströmen, das es gar nicht gibt – so wenig hat Gott Sehnsucht oder Hoffnung erschaffen, ohne eine Wirklichkeit zur Hand zu haben, die dazugehört. Unsere Sehnsucht ist der Pfad und er führt zu Gott. Achte darauf.«[48]

Es steckt eine Wirklichkeit hinter unserer Sehnsucht! Hinter dem Heimweh, dem Wunsch nach inniger Liebe steht ein: »Komm her, mein Schatz! Ich bin für dich da! Alles wird gut!« Ein Duft, der an zu Hause erinnert.

Und dieser Geruch kann auch denen anhaften, die gerade aus einer innigen Umarmung mit ihrem Schöpfer kommen. Ein junger Kerl, so habe ich gelesen, bestieg nach dem Besuch seiner Gemeinde, die U-Bahn, um nach Hause zu fahren. Er setzte sich neben eine ältere Frau. Die schloss die Augen, atmete tief ein und sagte voller Sehnsucht: »Mein Junge, du riechst nach Kirche! Ach, wie ich diesen Ort vermisse!« Und dann brach sie in Tränen aus.[49] Ach wie schön wäre es, würden wir

Jesusliebhaber so unsere Gottesdienste verlassen, dass wir so nach ihm duften und die bei anderen Sehnsucht wachrufen. Die Sehnsucht, nach Hause zu kommen. In liebende Arme, die auf uns warten.

Denn, so frage ich mich, kann es sein, dass Gott uns ebenso vermisst wie wir ihn? Seine Kinder. Einst so nah. So zum den-Neugeborenen-am-Nacken-riechend nah. Dass er auf uns wartet, wie eine Mutter, die am Fenster steht und uns mit den Worten entgegen läuft: »Endlich! Was hat denn so lange gedauert?« In der Offenbarung, dem letzten Buch der Bibel, lesen wir, dass unsere Gebete wie ein Wohlgeruch für Gott sind.[50] Wie Weihrauch, der nach oben steigt. Okay, wenn ich Weihrauch rieche, dann bekomme ich, ehrlich gesagt, Migräne – aber an unseren Gebeten scheint Gott gerne zu riechen! Also wirklich zu riechen! Vielleicht riecht Gott ein bisschen so an ihnen, wie wenn wir unser Gesicht im Lieblingspulli des geliebten Menschen vergraben. Was für eine Vorstellung – dass wir so geliebt sind, dass wir so vermisst werden, dass da es im Himmel diese Momente gibt, in denen die Engel sagen: »Lasst ihn mal kurz, er riecht gerade an den Gebeten seiner Kinder. Er vermisst sie. Er freut sich darauf, dass er sie bald in die Arme schließen kann.«[51]

Meine Mutter ist dort angekommen. Das will ich glauben, auch wenn es mir in manchen Momenten weiterhin schwer fällt. Aber da ist dieser Gott, der sagt: »Ich lebe, und ihr sollt auch leben!« (Johannes 14,19 LUT). Und etwas von diesem Leben war spürbar, auch mitten im Sterben. In den letzten Tagen ihres Erdenlebens ist alle Sorge, die meine Mutter ihr Leben lang begleitet hat, von ihr abgefallen. Wie Staub, den man beim Aufstehen aus den Kleidern schüttelt. Als sie um die letzte Ecke gebogen ist, vor den schweren letzten Schritten, hatte sie die Heimat fest im Blick. Und tagelang war in ihr nur noch dieses freudige Stammeln: »Wir sind ja so geliebt. Wir haben keine Ahnung, wie geliebt wir sind!«

Ich will die Sehnsucht nach dieser großen Liebe wach halten.

Ich will an den Dingen riechen, die mich daran erinnern. An Laubblättern und Rosenblüten. Tannennadeln. Frisch gefallenem Schnee. Und wenn wir beten, dann will ich glauben, dass unsere Worte so erwartet werden wie Liebesbriefe, die aus der Fremde kommen. Und an den langen Abenden, die nun vor uns liegen, will ich mich immer mal wieder so innig und lange von Jesus umarmen lassen, dass ich dann vielleicht sogar ein wenig nach ihm rieche und dass im Vorübergehen etwas vom verheißungsvollen Duft unserer Heimat zurückbleibt.

Heimweh

»Wir haben Heimweh.
Nicht so sehr nach etwas, das wir verloren haben,
sondern nach etwas, das sein wird,
das gefunden werden kann.«
MADELEINE L'ENGLE.[52]

· 19 ·

Dunkle Tage

Nun ist es November geworden. Die Tage werden spürbar kürzer und die Nächte länger. Eine Einladung, es sich Zuhause so richtig gemütlich zu machen! Seitdem ich einen Winter in Skandinavien verbracht habe, wundert es mich nicht, dass dort »*hyggelig*« eine Lebensart ist. *Hygge* – das dänische Wort für Gemütlichkeit oder für »Freude an der Gegenwart beruhigender Dinge, für Kakao bei Kerzenschein«[53]. Ach, ich liebe *Hygge!* Besonders in dieser Jahreszeit. Wenn man im Dunkeln aufsteht und es den ganzen Tag nicht so richtig hell wird. Dann laufen wahrscheinlich die Interieur-Experten im Designstudio des schwedischen Möbelhauses erst so richtig zu Hochform auf und die nächste Lampe Marke *Svartvik* wird entworfen. Vor einigen Tagen war ich auch bei den Schweden, um mich mit einer großen Packung Teelichter für den Winter einzudecken (nicht nur Teelichter, wie der Mann an dieser Stelle seufzend hinzufügen wird, aber ich habe mein Bestes gegeben, den Hyggelig-Machern die Stirn zu bieten).

Doch nicht nur das Kerzenlicht breitet sich hier zunehmend aus, sondern leider auch meine Migräne. Den Sommer über scheint sie Jahr für Jahr einige Woche in den Urlaub zu fahren, um vermutlich auf den Malediven fröhlich einen drauf zu machen, und kehrt dann, wenn ich schon glaube, sie habe ihr Rückflugticket verloren, frisch gestärkt und mit lautem Getöse zurück. Sie poltert und räumt dann tagelang in meiner Oberstube, dass es nicht mehr schön ist. Gestern war der dritte Tag, an dem ich mit verquollenen Augen beim Frühstück gesessen habe. Auch Samuel seufzt, wenn er hört, dass die Mama Migräne hat. »Dann bist du wieder so schlecht genervt!« Ja, leider. (Nicht, dass ich nicht auch ohne die Migräne schlecht genervt sein könnte, aber keine Frage: Mit stechendem Schläfenschmerz geht es noch viel besser!) Spätestens am dritten Tag fühle ich mich nur noch wie ein Zombie, der durch die Gegend wankt, in regelmäßigen Abständen Tabletten einwirft und jeden Erdling mit monotoner Stimmen anfleht, ihn bewusstlos zu schlagen. Am vergangenen Wochenende war es leider so.

Heute Morgen geht es nun etwas besser. Ich schaue in die neblige Landschaft und fühle mich so müde, dass ich fast aus der Kerze getrunken hätte, die neben meiner Kaffeetasse steht. Nachdem ich das Kind Richtung Schule geschoben hatte, bin ich auf unsere alte Ledercouch gesunken. Eigentlich ist das meine Jesus-Zeit. Ein Kapitel in der Bibel. Ein Gebet. Erste Kontaktaufnahme am Morgen, um von dem Gott, dem ich nachfolgen will, zu hören, dass er mich lieb hat. Aber an Tagen wie heute fällt mir das Liebhaben-Lassen schwer. Nach einer sehr heftigen Migränewoche habe ich einmal Folgendes in mein Tagebuch geschrieben: »Wie durchgeprügelt komme ich wieder einmal in deine Nähe und hoffe, dass du die Wunden verbindest, die du hättest verhindern können.« Ich glaube, diese Sätze zeigen das ganze Dilemma, warum mein Schöpfer und ich uns nach solchen Tagen eher schweigsam gegenübersitzen. Ich blättere ein wenig in der Bibel und halte mich kurz an ihr fest, bevor ich mit schwerem Herzen den Tag in Angriff nehme, ein leises »Hilf mir!« geht Richtung dichte Wolkendecke. Nicht gerade das siegreich ansteckende Christenleben, mit dem ich gerne durch die verschiedenen Jahreszeiten meines Lebens schreiten würde.

Heute finde ich kein frohes *L'chaim!* Das Ja zu solchen Tagen kann ich, wenn überhaupt, nur leise seufzen.

Während ich dies alles nun so in meinen Computer tippe, bin ich mir darüber bewusst, dass es noch viel dunklere Tage zu durchleben gibt. Tage, die man nicht mit angehaltenem Atem durchleben kann, weil man weiß, dass die besseren Zeiten gleich um die Ecke liegen. Es gibt Zeiten, in denen reihen sich Wochen um Wochen endlos aneinander. Zeiten, in denen wir im Dunkel aufstehen und es den ganzen Tag nicht richtig hell wird. Zeiten, in denen man die Hoffnung aufgeben möchte, je wieder eine andere, hellere Jahreszeit zu erleben.

Der Gott, der das Licht anknipsen könnte, scheint dann nur eine nostalgische Erinnerung aus hellen Tagen. »Aber er ist doch da!«, liegt mir auf den Lippen. Doch gleichzeitig weiß ich, dass es sich so gar nicht danach anfühlt. Und dass schnelle, fromme Floskeln, in eine dunkle Jahreszeit gesprochen, nur in den Augen schmerzen und wunde Herzen noch weiter aufreißen können. Herzen, die sich fragen: Wenn er da ist, warum tut er dann nichts? Schläft er friedlich im Dunkel, während mein Glaube hier auseinander bröckelt? Und wie passt das alles in seinen wunderbaren Plan für mein Leben? Die tiefe, theologische Antwort darauf, die ich an der überschaubaren Zahl meiner finsteren Tagen gewonnen habe, ist folgende: keine Ahnung! Ich weiß es nicht.

Die Sache mit dem wunderbaren Plan in solchen Zeiten erinnert mich ein bisschen an Samuels Versuch, als dickköpfiger Dreijähriger einen viereckigen Bauklotz durch eine runde Öffnung zu hämmern. Ich finde keinen wunderbaren Plan darin, wenn Kinder leiden, wenn Freunde im besten Alter sterben, wenn Schmerzen uns lahmlegen, wenn Ehepaare, die sich so sehr ein Kind wünschen, kinderlos bleiben, wenn in Nigeria junge christliche Mädchen entführt und vergewaltigt werden und wenn der Krebs sich durch Familien frisst. Ich tue mich schwer mit Erzählungen, die uns vermitteln: Wie gut, dass das Haus abgebrannt ist, weil darunter ein Schatz lag! Manche Ereignisse sind so verheerend, dass man nicht einfach sagen kann: »Alles gut. Wir bauen das mit ein und dann läuft's weiter nach Plan.« Es gibt Lebensbrüche, nach denen läuft's nie wieder nach Plan. Und es gibt seelische Nöte, die können einen für lange Zeit aus der Spur werfen. Und doch muss ich auch an die Worte von Viktor Frankl denken – und wer sonst als ein Mensch, der das Konzentrationslager überlebt hat, dürfte so etwas sagen? Nicht nur das tätige Leben, das sich auf schöpferische Weise verwirklichen kann, habe Sinn. Und nicht nur das genießerische Leben, das dem Menschen Gelegenheit gibt, Schönheit, Kunst und Natur zu genießen, habe Sinn, sondern »wenn Leben überhaupt einen Sinn hat, dann muss auch Leiden einen Sinn haben.«[54] Und er schreibt, dass uns manche Lebensphasen den Mut zum Leiden abverlangen, sodass wir der Leidfülle gleichsam ins Gesicht sehen und uns der Tränen und der Verzweiflung nicht schämen.

Diesen Mut habe ich bei meinem Vater erlebt, als seine beginnende schwere Erkrankung ihm einen abrupten Strich durch die schönen Ruhestandspläne machte. Auch wenn er die körperlichen Schmerzen fürchtete und immer wieder mit großen Ängsten zu kämpfen hatte und Tränen flossen – in ihm war auch ein ruhiges Ja, diesen schweren Weg zu gehen. Er war bereit, diese Tage ebenso anzunehmen, wie er auch die guten Zeiten aus Gottes Hand empfangen hatte. Als Tochter, die zur selben Zeit erlebte, wie unser Gott Wunder tat, habe ich mich darüber fast geärgert. Ich sah zu wenig Aufbegehren, ein zu schnelles Fügen in sein Schicksal. Doch im Rückblick habe ich tiefen Respekt davor, wie er die dunklen Tage mit Gott an seiner Seite durchschritten hat, wie er sich an dem zerknitterten Merkzettel festhielt, den er aus den warmen Jahreszeiten mitgebracht hatte: »Nahe ist der Herr Gott ist denen, die zerbrochenen Herzens sind« (Psalm 34,19).[55] Wenn das stimmt, wenn er den Zerbrochenen nahe ist, dann verbringt er wohl unzählige Stunden neben uns auf alten Sofas, wenn Tränen auf unsere Bibel tropfen. Und in den Wartezimmern mit knarrenden Plastikstühlen, auf denen wir voller Angst ausharren. Er kniet neben uns in dunklen Ecken und auf kaltem Boden, den wir mit Fäusten bearbeiten, und er sitzt auf den Bettkanten in den abgedunkelten Zimmern, in denen wir schmerzgeplagt liegen. Er zählt die Tränen seiner Menschenkinder. Er wiegt den Schmerz. Er bewahrt die Tage des Ausharrens auf wie Pfandscheine, die er uns dann, wenn am Ende abgerechnet wird, in Herrlichkeit über Herrlichkeit, einlösen wird.[56] Und deshalb glaube ich tatsächlich, dass gerade auch unsere leidvollen Tage nicht ohne Sinn sind.

»Gute Haushalter unseres Schmerz« zu sein, diesen Ausdruck benutzt der wunderbare amerikanische Schriftsteller und Theologe Frederick Buechner.[57] Das Dunkel, wenn es uns denn schon widerfährt, könnten wir als etwas sehen, das uns reifen und wachsen lasse. Ähnlich wie Frankl macht er dazu Mut, den Schmerz unseres Lebens nicht zu verdrängen, sondern ihm immer wieder auch mal mutig ins Gesicht zu schauen, weil er uns für zwei Dinge öffnet: Zum einen werden wir uns unserer Begrenzungen und Machtlosigkeit bewusst und erleben, dass es Gottes Macht ist, die uns durch solche Zeiten bringen kann. Zum anderen lernen wir, in den Tiefen unserer Seele wahrhaftig zu sein. Menschlich. Barmherzig. »Damit wir auch trösten können [...] mit dem Trost, mit dem wir selber getröstet werden von Gott« (2. Korinther 1,4 LUT).

Während ich diese Zeilen schreibe fängt mein Kopf wieder an zu schmerzen. Ich werde gleich ein paar Tabletten einwerfen. Vielleicht werde ich vorher Gott bitten, den Schmerz zu lindern. Falls er es aber nicht tut (womit ich, ehrlich gesagt, rechne – kleingläubig wie ich mit den Jahren in dieser Sache geworden bin ...), bete ich, dass ich eine gute Haushälterin sein kann. Dass mein Schmerz mich weicher macht für die Not anderer. Dass er mich tiefer in Berührung bringen kann mit meinem tiefsten Sein und meiner wahren Bestimmung. Dickköpfig sage ich mir: Wenn wir schon solche Tage erleben müssen, dann sollen sie unser Herz wenigstens nicht schrumpfen lassen, sondern weiten und zum Wachsen bringen.

Denn es sind nicht nur unsere Gaben, mit denen wir einander dienen können! Mit unserem Schmerz wird uns etwas in die Hände gelegt, das wir einander – wie kleine Teelichter – in dunklen Zeiten weiterreichen können: Ein leises »Ich weiß!«. Ein ruhiges »Ich sehe dich!«, hineingelegt in ein Gebet, in einen liebevollen Gedanken, der vielleicht zu einem warmen Essen wird, zu einer geteilten Schokolade oder zu einem gemeinsamen DVD-Abend (»die Gegenwart beruhigender Dinge«!). Wir setzen uns auf Bettkanten, halten finstere Fragen aus und lassen ein wenig Luft an die Wunden, die man nicht schnell überkleben darf. Ein bisschen Jesus füreinander sein. In all unserer Schwäche und Begrenztheit. Unter der Wolkendecke rücken wir so dicht zusammen, wie wir das in guten Zeiten niemals tun würden. Und dann warten wir gemeinsam auf die helleren Tage.

. . . .

»Das Kreuz Jesu sagt uns etwas darüber,
dass durch den größten, in Liebe und Treue getragenen Schmerz
die größte Schönheit sichtbar wurde
und unsere größte Hoffnung gekommen ist.«
FREDERICK BUECHNER[58]

· 20 ·

Wegzeichen

Draußen hat sich der erste Raureif gebildet und verziert die Bäume und Häuserdächer wie eine zarte Schicht Puderzucker. In der Wohnung unter uns höre ich das Baby weinen und die beruhigende Stimme der syrischen Mama. Draußen krächzt ab und zu ein Rabe, der sich auf dem großen Walnussbaum vor dem Fenster kurz ausruht, um dann weiter Richtung Felder zu fliegen. Hier drin sind das Ticken unserer Wohnzimmeruhr und das leise Rauschen des Computers die einzigen Geräusche. Meine Gedanken gehen noch einmal zu den letzten Tagen, die ich im Haus der Stille auf dem Betberg verbracht habe – was für ein wunderbar passender Name für diesen kleinen Ort mitten in den Weinbergen im Süden Deutschlands. Einmal im Jahr versuche ich, dort Zeit zu verbringen, inzwischen seit über zehn

Jahren. Und jedes Mal denke ich kurz vorher, dass ich mir die Zeit eigentlich nicht leisten kann. Dass es doch viel zu viel zu tun gibt! Aber tief in mir weiß ich, dass ich es mir nicht leisten kann (und will) NICHT zu gehen! Ich brauche diese Erfahrung so dringend: alles aus der Hand zu legen, ins Auto zu steigen und über die Autobahn zu brausen mit dem Reisegebet in mir: »Du und ich, Jesus.« Bis die Hügel vor mir auftauchen, die ich inzwischen schon so gut kenne. Auf diesen immer gleichen Wegen entlang zu spazieren, ist für mich wie ein inneres Abgleichen. Ein bisschen so, wie sich ein Kind neben den Türrahmen bei der Oma stellt, an dem mit Bleistiften die Größe vom Besuch im vorherigen Jahr eingezeichnet ist. Veränderungen nehmen wir am besten an Gleichbleibendem wahr.

Während ich über weich federnden Boden durch die Weinberge laufe, denke ich daran, was im letzten Jahr alles geschehen ist. Wie es mich wachsen ließ und wie es mich vielleicht auch verändert hat. Es ist ruhig hier oben. Nur ab und zu klappern die Rebscheren. Die Weinbauern beginnen, ihre Stöcke zurückzuschneiden. Ich frage Gott, was bei mir zurückgeschnitten werden muss. Welcher Bereich meines Lebens wuchert zu sehr und saugt aus den gesunden Ästen die Kraft?

Im Moment sind es wohl die inneren Einladungslisten. Viele Menschen würde ich gerne in unserem neuen Zuhause begrüßen, schaffe es aber nicht, weil Zeit und Kraft fehlen. Und es sind auch Verpflichtungen, die ich übernommen habe, nicht weil ich es so *wollte,* sondern weil ich dachte, *ich sollte.* Das Dumme ist, dass kleine Aufgaben oft andere nach sich ziehen. Und plötzlich ist da etwas entstanden, was mich zu viel Kraft kostet und zurückgeschnitten werden muss. Das bedeutet: Versprechen zurücknehmen. Mit Enttäuschungen klarkommen. Grenzen ziehen um das, was möglich ist. Fokus auf das Wesentliche.

Zusammen mit Jesus überlege ich, wie dieses Wesentliche in meiner jetzigen Lebensphase aussieht und wie ich dem Raum geben kann. Zurückschneiden. Jahr für Jahr. Ich brauche das.

Weil ich mich so schnell treiben lasse von den Anforderungen des Lebens und die Orientierung verliere, was ich hier eigentlich wollte.

Die Orientierung habe ich diesmal beim Spazierengehen gehörig verloren! Das ist mir so noch nie passiert. Der Nebel war beim Loslaufen dicht gewesen, aber ich hatte gedacht, ich kenne die Wege doch! Ich gehe einfach dreimal nach rechts, dann komme ich wieder direkt auf die alte Kirche zu. Aber nach dreimal rechts stand ich vor einem Abhang, den ich noch nie gesehen hatte. Als hätte sich der Erdboden aufgetan und die Kirche verschluckt. Selbst die Kirchenglocken, die sonst ganz prima als Orientierung gedient hatten, waren nicht mehr zu hören. Das Ortungsgerät meines Handys gab mir als Standort eine Bundesstraße nahe der französischen Grenze an, was nun überhaupt nicht sein konnte. (Ich hab sowieso das Gefühl, dass mein Navi jedes Mal Schwierigkeiten hat, mich zu orten, weil ich mich so oft im Kreis drehe. Inzwischen gibt es wohl nur noch die groben Ländergrenzen an, in denen ich mich derzeit befinden könnte ...) Mist. Seufzend ließ ich das Handy wieder in der Manteltasche verschwinden und stand nach fast einer Stunde und dreimal rechts – richtig! – wieder vor dem Abhang! Der Nebel lichtete sich kein Stück. Warum hatte ich nicht daran gedacht, eine Karte mitzunehmen oder wenigstens Gummistiefel anzuziehen? Meine Socken waren schon durchgeweicht und langsam kroch die Feuchtigkeit auch durch meine Jacke. Jetzt erst kam mir der Gedanken zu beten. *Heiliger Geist, führe mich.* Und während ich langsam kleine Orientierungspunkte fand und mich auf den langen Rückweg machte, wurde mir klar, dass es dieses Gebet ist, das ich im Alltag brauche. Weil die Kraft für unnötige Wege und lange Strecken im Kreis einfach nicht reicht. Weil mein inneres Gespür für das, was möglich ist und was nicht, oft genauso falsch liegt wie mein Navi im Handy. Je länger ich in diesem Leben unterwegs bin, umso klarer wird mir, wie sehr ich die Führung der heiligen Gegenwart brauche.

Wie nötig es ist, immer wieder Platz für sie zu schaffen. Hinzuhören. Leise und neugierig zu fragen: »Was meinst du dazu?« Oder verzweifelt: »Hilf mir bitte! Ich komm hier nicht weiter!«

Endlich wieder zurück in meinem Zimmer las ich durch meine Dankesliste, die ich seit Anfang dieses Jahres schreibe. Jeden Morgen notiere ich ein paar Punkte, für die ich dankbar bin. Eigentlich bin ich so richtig schlecht bei Projekten, die länger als ein paar Stunden dauern. Aber dieses Danke-Buch macht mir richtig Freude. Während ich mich mit einer warmen Tasse Tee in der Hand durch Hunderte von Segnungen las, kam ich mir vor wie Mose, als Gott ihn schützend in eine Felsspalte stellte, um seine Güte an ihm vorbeiziehen zu lassen. Seite für Seite zog Gottes Güte an mir vorbei. Ann Voskamp schreibt, dass wir Gott im Rückspiegel entdecken können: »In der Erinnerung, mit den Jahren, wird Gott sichtbar.«[59] Manchmal erkennen wir ihn schon nach einer kurzen Strecke, manchmal braucht es viele Jahre. Es tut meinem Glauben gut, ab und zu einen Blick nach hinten zu werfen. Gottes Spur in meinem Leben zu entdecken, seine Treue auf dem letzten Streckenabschnitt bewusst wahrzunehmen – das macht mir Mut für alles, was heute ungelöst ist und auch für die Anforderungen von morgen.

Und immer will ich ihm auch hier und jetzt begegnen. Dem gegenwärtigen Gott. »Jesus, sag mir noch mal, wie lieb du mich hast!« Ganz kindlich bitte ich ihn darum. Ich muss es hören. Immer wieder. Wie ich es auch meinem Kind Tag für Tag sage: »Jesus segne dich und ich liebe dich!« Und Samuel antwortet darauf öfter mal: »Das glaube ich dir nicht!« Nur um es noch mal zu hören. Doch. Es ist so. Ich hab dich lieb.

Manchmal wünsche ich mir dafür ein kleines Zeichen von Gott. Vor zwei Tagen auf dem Betberg, habe ich mir so sehr Hefezopf mit Erdbeermarmelade gewünscht. Etwas kindisch, ich weiß. Aber ich wäre ausgeflippt vor Freude, wenn es tatsächlich Erdbeermarmelade und Hefezopf zum Kaffee gegeben hätte. Gab es aber nicht. Etwas ernüchtert saß ich vor einem Honigkuchen. Anstatt tausend Segnungen zog das Bibelwort an mir vorbei: » Ein böses, ehebrecherisches Geschlecht fordert ein Zeichen!« (Jesus in Matthäus 16,4)[60]. Glaubensmäßig leicht angeschlagen ging ich zum Abendgebet. Es war Buß- und Bettag. Ich erwartete eine ermahnende Predigt. Über mangelnden Glauben und Ungläubige, die Zeichen fordern. Stattdessen stand da eine strahlende Pfarrerin, die uns Gottes Wort weitergab: »Es soll mir eine Freude sein, euch Gutes zu tun!« Sie rief es uns fröhlich zu, die wir mit gesenkten Köpfen und ungläubigen Herzen auf den knarrenden Bänken vor ihr saßen: »Er liebt uns – voller Freude! Er vergibt uns – voller Freude!« Ein Schwall voller Liebe ergoss sich aus dem Altarraum über uns. Hier war es wieder: Gottes großes Ja zu uns! Die Pfarrerin zeigte zum Kreuz, das dort in der Mitte aufgerichtet war, und ich wusste wieder: Hier ist das Zeichen, auf das ich gewartet habe. Auf das wir alle gewartet haben. Und dann standen wir um den Altar und empfingen das Abendmahl. Und dieses Stück Brot, hinuntergespült mit einem Schluck Wein, der sich für einen Moment ganz warm in mir ausbreitete – das lässt mich Gottes Liebe schmecken wie nichts anderes auf dieser Welt. Erdbeermarmelade und Hefezopf sind nur kleine Zugaben, die nur bedingt glaubensnötig sind. Und das Flackern der Kerzen im dunklen Altarraum war mir wie ein Augenzwinkern Gottes. So geliebt. So unfassbar ersehnt sind wir. *Ja, mein Kind, ich segne dich und ich liebe dich.*[61]

Diese Liebe ist mein Heimatort. Manchmal verlaufe ich mich. Manchmal höre ich die Kirchenglocken nicht mehr, die mich dorthin rufen. Manchmal laufe ich lange im Kreis, bis ich mich wieder darauf besinne, wo ich hingehöre. Henri Nouwen, dieser liebeshungrige Priester, weist mit jedem seiner Bücher diesen Weg, dass Heimat der Ort ist, an dem wir den Vater sagen hören, wie geliebt wir sind. Ist es da ein Wunder, dass es so viel Heimweh auf dieser Welt gibt? So viele Irrwege, die uns zu anderen Zielen locken? Aber da ist ein Vater wie ein ewiger Fels. Der uns seine Güte zeigt in tausend und mehr Segnungen. Der uns im

Rückspiegel einen kurzen Blick auf ihn erhaschen lässt. Der uns begegnet in den alten Geschichten von den Führungen seines Volkes, das sich oft gewaltig im Nebel verlaufen hat. Wir leben in seinem großen Liebesepos mit seinen Kindern. Mit uns allen. Und wie auf einem katholischen Pilgerpfad steht sein Kreuz als Wegzeichen an jeder Biegung unserer Strecke. Mit einer Bank darunter. Jetzt und hier ist es eine Einladung von dem Vater, der uns an jedem unserer Tage die Hände auflegen möchte, um uns zu sagen: *Ich segne dich und ich liebe dich.* Dafür muss das Herz still werden. Das müssen wir hören. Das müssen wir glauben. Hier kommt das unruhige Herz zur Ruhe. Hier finden wir Stärkung für die nächste Wegstrecke. Hier können wir uns liebhaben lassen. Henri Nouwen schreibt an eine Freundin, der das Ankommen und Sesshaftwerden an einem neuen Ort schwerfiel: »Unser wahres Sesshaftwerden besteht darin, immer tiefer in dem Herzen Jesu zu ruhen.«[62] Ein Satz, an den ich mich erinnern will, wenn ich wieder durch neblige Tage laufe. Seine Liebe bringt mich nach Hause.

Und: Seine Liebe ist mein Zuhause.

»Wir sind geführter, als wir denken,
behüteter, als wir ahnen,
geliebter, als es uns je in den Sinn kommt.«
HANSPETER WOLFSBERGER[63]

· 21 ·

Wie soll ich dich empfangen?

Diesen und die folgenden drei Texte habe ich in der Adventszeit in diesem Jahr geschrieben. Eine Zeit, die ich meist »in guter Hoffnung« erlebe. Diesen Ausdruck benutzte meine Mutter oft, wenn sie von einer Frau erzählte, die gerade schwanger war. Das fand ich immer sehr schön und zum Schmunzeln. Wenn ich an die Zeit meiner »guten Hoffnung« denke, dann sehe ich mich erwartungsfroh und mit großem, unförmigem Bauch in unserer kleinen Wohnung hin und her laufen und Platz schaffen für das neue Leben, das auf dem Weg war. Heios Schreibtisch wurde in eine dunkle Ecke gestellt, um dem riesigen Wickeltisch Platz zu machen (den der Mann aus einer alten Tür baute, die er auf dem Sperrmüll gefunden hatte). Sein Kleiderschrank musste dem Kinderbett weichen und die Sessel im Wohnzimmer wurden zusammengerückt, damit die Wiege Platz fand. In guter Hoffnung ahnten wir schon, dass dieses neue Leben einiges an Platz in unserem Leben einnehmen und so manches auf den Kopf stellen würde. Und genau so war es dann auch (und so ist es bis heute!).

Diese Adventstexte sind eine Einladung dazu, ein bisschen Platz zu schaffen für dieses wilde neue Leben, das auf dem

Weg zu uns ist. Und sie sind meine Erinnerung, dass wir guten Grund zur Hoffnung haben. Nicht nur an den Weihnachtstagen.

In wenigen Tagen beginnt nun schon die Adventszeit. Gemeinsam mit Samuel habe ich deshalb heute unsere Weihnachtskiste aus dem Keller geholt. Freudig hat er alle Sterne und Lichterketten mit »Euch kenn ich doch!« begrüßt. So gerne ich jedes Jahr neue Weihnachtsdeko kaufen würde – es ist auch schön, Jahr für Jahr die Dinge auszupacken, mit denen uns schon eine Geschichte verbindet: der Engel, den Samuel als seine erste Bastelaktion im Kindergarten gemacht hat, ganz zerzaust, mit wildem Blick und roten Augen. Die Kerzen aus Transparentpapier fürs Fenster, bei deren Herstellung wir im letzten Jahr einiges an Nerven verloren haben. Das kleine Weihnachtskarussell mit integrierter Spieluhr, das wir von unserer freundlichen Nachbarin in Stuttgart bekommen haben. Zum Schluss stellen wir noch den Adventskranz auf den großen Esstisch und hängen ein paar glitzernde Kugeln an einen Zweig aus dem Garten.

Innerlich ist mir allerdings nicht so nach Glitzern. Seit einigen Tagen ist mein Herz schwer wegen der Not einer Freundin. Lebensbedrohliche Diagnosen schweben über dieser wunderbaren Mama von zwei Kindern. Ich fühle mich hilflos. Ich kann nichts tun, außer den Gott, »der Heil und Segen mit sich bringt«, zu bitten, in dieser Situation anzukommen. Ich bitte ihn nicht so nebenbei, sondern mit einer Intensität, die mich nicht oft beim Beten packt. Ich bete, wenn ich ins Bett gehe, wenn ich nachts wach liege und wenn ich morgens aufwache. Ich bete während ich das Frühstück vorbereite und während ich versuche, hier einen Text zu schreiben. Ich fühle mich wie die Witwe in der Geschichte, die Jesus erzählt hat: diese nervende Frau, die sich Tag und Nacht an einen ungerechten Richter wendet und darauf besteht, dass er ihr bitteschön endlich Recht zu verschaffen hat.[64]. Sie lässt sich nicht wegschicken. Sie zuckt nicht mit den Schultern und sagt nicht: »Ok, hab ich mir eh gedacht. Der hilft mir nicht.« Sie klopft weiter. Sie nervt noch mehr. Sie holt ein Megaphon. Sie schweißt sich ans Gartentor. Sie verfolgt ihn beim Einkaufen und taucht in jedem neuen Gang mit ihrer Forderung in der Hand auf. Sie liest ihm das Kleingeschriebene im Vertrag vor und sagt ihm, welche Rechte sie hat. Sie lässt das Telefon 30 Mal läuten, nur um dann kurz darauf erneut anzurufen.

Irgendwann knickt dieser harte Typ ein und gibt ihr, was sie will – nur damit er seine Ruhe hat. Eine krasse Geschichte. Bei der man auch so viel missverstehen kann! Will Jesus etwa damit sagen, dass Gott wie dieser »Richter Gnadenlos« ist, den wir ohne Ende nerven müssen, damit er sich erbarmt? Aber wie passt das zusammen mit dem Gott, der von sich sagt, dass er es liebt, gnädig zu sein?[65] Ich finde ja, die Geschichte hätte mindestens ebenso gut gewirkt mit einem Kind in der Hauptrolle, das die Mutter so lange mit einem Anliegen nervt, dass sie irgendwann einknickt, um ihre Ruhe zu haben. Das wäre mal so richtig aus unserem Alltag gegriffen. Aber sei's drum: Der Richter scheint in der Geschichte sowieso nur eine unbedeutende Nebenrolle zu spielen. Jesus legt den Fokus auf die Witwe. Auf ihre Ausdauer und ihre Hartnäckigkeit. Am Ende lautet nämlich seine Frage an die Zuhörer: »Wird wohl der Sohn des Menschen, wenn er kommt, den Glauben finden auf der Erde?« (Lukas 18,8).

Und hier wird die Geschichte dann plötzlich adventlich. Hier passt eins meiner Lieblingslieder dieser Jahreszeit: »Wie soll ich dich empfangen?« Während wir so festlich unsere Wohnung vorbereiten, ist diese Frage ganz vorne in meinem Kopf. Jesus, wenn du bei uns ankommst, was ist dir dann wichtig? Ich vermute mal, dass er weniger nach glitzernden Kugeln und Instagram-gestylten Wohnzimmern Ausschau hält. Er wählt für seinen Besuch nicht die Häuser aus, die ihre Fassade mit

1000 Lichtern verschönert haben. All das ist ja ganz nett und es freut unsere Kinder und die Nachbarn – aber letztlich ist das alles so völlig egal, wenn wir darüber nachdenken, wie wir Jesus willkommen heißen können! Er sagt uns mit dieser Geschichte ganz klar, wonach er sucht, wenn er bei uns ankommt: Er sucht nach Menschen, die so an ihm hängen wie diese bittende Witwe. Mit halsstarrigem Glauben. Bereit, jeden Kampf aufzunehmen, mit ihm zu ringen und vor seiner Tür zu toben. Die unbeirrbar ihre Hoffnung und ihr ganzes Vertrauen auf sein Handeln setzen – und sei es in einem hilflosen Schrei wie: »Ich glaube. Hilf meinem Unglauben!«[66] Er sucht nach denen, die mit seiner Ankunft rechnen wie Menschen, die tagelang am Bahnhof auf und ab laufen. Die sich sagen: Er hat gesagt, er kommt, also könnte er im nächsten Zug sitzen. Sie halten bei jedem einlaufenden Zug das Willkommensschild hoch. Sie bleiben, während andere kopfschüttelnd nach Hause gehen und sagen: »Du wartest doch umsonst! Gib auf. Dein Freund kommt nicht mehr.« Aber sie bleiben. Hartnäckig und ausdauernd. Sie kramen alte Verheißungen aus der Hosentasche und sagen sich: »Mein Freund wird kommen, ich weiß es!« Sie warten. Sie halten einander wach, wenn ihnen die Augen zufallen. Ihnen ist es ziemlich egal, ob sie sich zum Deppen machen. Und wenn der Freund dann endlich kommt, dann fallen sie ihm weinend und lachend in die Arme und rufen: »Ich wusste es! Ich wusste, du würdest kommen, so wie du es gesagt hast!« So. So will Gott empfangen werden!

Das fordert mich wirklich heraus. Und ich frage mich, wie oft ich wohl Gottes Ankunft verpasst habe, weil ich die Geschichten zu früh als beendet erklärt habe. Weil ich nicht hartnäckig genug war. Mit dieser Frage will ich keine Schuldgefühle produzieren und mich nicht über Vergangenes ärgern. Gott ist voller Vergebung. Und voll ausdauernder, hartnäckiger Liebe! Wie gut. Ich frage mich das nachdenklich. Mit innerer Sehnsucht. Und mit Blick auf die Lebenszeit, die noch vor mir liegt. Vielleicht ist es der beginnende Altersstarrsinn, der auch meinen Glauben ergreift. Ich bin es so leid, dass sich ein müdes, anspruchsloses Christsein in mir breit macht, das sich wie ein ungebetener Gast auf mein Sofa fläzt, meinem Glauben Beruhigungsmittel ins Glas gibt und mir mit einschläfernder Stimme eine nette Gute-Nacht-Geschichte liest. Ich mag die gezähmten Geschichten nicht. Gebt mir einen ungerechten Richter und eine wild bittende Witwe. Gebt mir Weihnachtsengel, die bei ihrem Erscheinen immer gleich dazu sagen müssen: »Fürchtet euch nicht!«, bevor die Leute ohnmächtig werden. Gebt mir eine Geburtsszene mit Blut, Geschrei und Kontrollverlust. Verschweigen wir nicht, dass die Ankunft Jesu der Auslöser für ein Kindermorden in Bethlehem war, und lassen wir die Tatsache nicht unter den Tisch fallen, dass es keine heiligen drei Könige waren, sondern Magier, vermutlich Astrologen, die Jesus angebetet haben. (Heute würde man sie und ihre Heilmittel, die sie als Geschenke mitbrachten, vermutlich misstrauisch beäugen und mindestens in die Esoterik-Ecke stellen.) Gottes Geschichten passen nicht sauber in unsere hübsch dekorierten Wohnzimmer. Sie sind wild. Sie wecken Unbehagen. Sie fordern meinen ganzen Glauben. Sie lassen mich oft genug verwirrt und fragend zurück. Es sind die Geschichten, in denen dringend ein Retter gebraucht wird. Für eine nette Erzählung die unsere Herzen an den Feiertagen ein bisschen wärmt braucht man ihn nicht wirklich. Und auch nicht in Adventszeiten, in denen wir vier Wochen lang versuchen, die Not der Welt auszuklammern, und alles schön gemütlich und harmonisch haben wollen.

Doch, ich lese auch gerne über Weihnachtsschmuck und Winterfreuden und freue mich an der romantischen Stimmung in unseren Vorgärten. Aber ich will das Entscheidende dabei nicht aus den Augen verlieren. Ich will Gottes Ankunft erwarten, gerade auch in den dunkelsten Abschnitten unserer Geschichten! Erzählen wir uns mutig die unzensierten Versionen und schauen wir den ungekürzten und unbequemen Fassungen des Lebens ins Gesicht. Wecken wir den müden Glauben auf, den wir vielleicht jahrelang besänftigt haben wie einen kleinen Schoßhund und lassen ihn auf unsere Probleme los. Und auf das Dunkel dieser Welt. Auf die Geschichten, die uns zum Weinen bringen und die uns nachts nicht schlafen lassen. Meine Gebete sollen zu wildem Klopfen an Gottes Tür werden, zu lautem Rufen und unverschämten Bitten. Ich will mein ganzes Vertrauen auf ihn setzen. Ich will mein müdes Herz lehren, ausdauernd zu sein. Ich will die Geschichten erst dann zur Seite legen, wenn Gott die abschließenden Worte dazu gesprochen hat – keinen Moment früher. Wenn er in diesem Kapitel nicht auftaucht, dann ganz bestimmt im nächsten! Und ich will jedem kleinen Zeichen nachgehen, das auf sein Kommen hinweisen könnte. Und wenn das Zeichen ein Baby in Windeln ist – so be it! Dann suche ich nach Babys in stinkenden Windeln. Ich will Gottes Ankunft nicht verpassen!

Chuzpe!

Im Judentum nennt man diese freche und dreiste Form des Glaubens der Witwe »Chuzpe«. Angesichts von besonders herausfordernden Situationen wird plötzlich eine besondere Kühnheit und Unverschämtheit in einem Menschen wach. Wie ein Terrier, der sich in den Waden seines Opfers verbeißt, hängt dieser Glaube an Gott. Egal was geschieht – man ist nicht bereit, von ihm zu lassen und auf seine Güte zu vertrauen, auch wenn alles scheinbar im Widerspruch dazu steht. Auf meine Weihnachtswunschliste in diesem Jahr schreibe ich: *Chuzpe!*

· 22 ·

Sie kommt

Es war Weihnachten vor zehn Jahren. Die erste offizielle Vorstellung von Heio bei meiner Familie. Sie wussten noch nicht viel über ihn. Nur dass ich ihn lieb hatte und ja – dass er wohl der Mann war, den ich gerne heiraten würde. Ich hatte schon ein paar Tage früher frei und war in den Schwarzwald vorgefahren. Meine Mutter war etwas nervös und leicht besorgt, ob unser einfaches Weihnachtsessen – Würstchen mit Kartoffelsalat – auch gut genug wäre. Kein Problem, fand ich, außer dass der Mann Vegetarier sei. Etwas ganz Neues in unserer Familie, in der ich mit Schlachtplatten und Schwarzwälder Schinken groß geworden war. Meine Mutter schlug ein Putenschnitzel vor, meine Schwester meinte, dass er doch Kartoffelsalat mit Baguette essen könne, aber irgendjemand besorgte ihm noch etwas Vegetarisches (ich glaube es war eines dieser geschmacklosen Tofuwürstchen). Mein Schwager bereitete wie jedes Jahr eine riesige Schüssel Kartoffelsalat zu und wir zogen den langen Tisch im Wohnzimmer meines Onkels aus, damit auch alle an die Tafel passten. Und dann war es soweit. Der Blick zur Uhr zeigte, dass der Mann bald am Bahnhof ankommen würde. Langsam stieg bei mir die Aufregung. Ich war mir ziemlich sicher, dass ich mit Heio einen tollen Mann bekommen würde, aber es wäre natürlich schön, wenn der Rest der Familie das auch so sehen könnte. Ich stieg also etwas aufgeregt in unser Auto, um auf schneeglatter Fahrbahn zum Bahnhof unserer Kleinstadt zu fahren. Natürlich war ich viel zu früh dran. Also lief ich noch ein paar Mal nervös an den Gleisen auf und ab. Ich war eigentlich immer noch ein wenig fassungslos, wie das alles gekommen war – dass ich nun hier, ziemlich verliebt, auf Heio wartete. Zehn Jahre kannten wir uns schon. Tausend Mal war nix passiert! Jahr für Jahr hatten wir die Weihnachtszeit nebeneinander in unserer Gemeinde gefeiert. Er wurde mit der Zeit von einem Bekannten zu einem Freund und Ratgeber und zum verständnisvollen Zuhörer bei Liebeskummer. Wir waren einfach gute Freunde. Ein bisschen Harry und Sally[67]. Aber bei denen ging das ja auch schief. Es kam, wie es kommen musste: Plötzlich habe ich bei seinem Anblick Herzklopfen bekommen. Ein Arztbesuch bescheinigte mir, dass alles in Ordnung war. Rhythmusstörungen, die man nicht unbedingt behandeln musste. Und irgendwann erkannte ich, was offensichtlich war: Dieser wunderbare Mann hatte ganz gezielt und unbeirrt von langer Hand geplant – mein Herz erobert. Und während ein Teil von mir noch ungläubig lachend und kopfschüttelnd neben mir stand, wartete der andere Teil freudig aufgeregt, um Heio meiner Familie vorzustellen. Endlich fuhr der Zug ein. Die Türen öffneten sich, der Mann kam mir schlitternd entgegen und ich fiel glücklich in seine warme Umarmung.

Etwas besorgt betrachtete ich die Alkoholflasche, die er vorsichtig und mit Stolz vor sich her trug. Meine Eltern sind nicht so trinkfreudig. Heio versicherte mir aber, dass in dieser Flasche etwas Besonderes wäre. Ein Erdbeersekt, der genau zu diesem Anlass passte. Nun denn. Ich blieb skeptisch. Auf dem kurzen Weg nach Hause versuchte ich, ihm noch letzte Instruktionen zu meiner Familie zu geben. Der Onkel ist oft grummelig, aber nett. Mein Papa ist so direkt, wie meine Mama überschwänglich ist. Meine Schwester ...

Aber da waren wir auch schon da. Wir landeten mitten im üblichen Chaos unseres Heiligen Abends. Der Nachbar war noch zu Besuch und die Freunde aus der Schweiz schauten vorbei. Irgendwo im Getümmel wurde auch mein Zukünftiger begrüßt. Wenn wir alle zusammen sind, wird es meistens laut und leicht gereizt. Familienstimmung halt. Es gelingt uns leider nur wenige Minuten lang, uns zusammenzureißen und ein harmonisches Familienbild abzugeben. Mit den Jahren ist uns das auch ein bisschen zu anstrengend geworden. Also sind wir, wie wir sind. Laut und immer zu spät dran mit dem Essen.

Meinem Zukünftigen wurde resolut sein Platz am Tisch zugewiesen – vor dem Teller, auf dem die Tofuwurst lag – und er wurde ganz selbstverständlich in unsere Runde aufgenommen. Am Ende des Essen stellte er stolz sein Mitbringsel auf den Tisch, meine Mutter zog Sektgläser aus dem hintersten Schrankfach und dann öffnete Heio die Flasche. Es war ein denkwürdiger Moment! Der Erdbeersekt muss unter außerordentlichem Platzmangel gelitten haben. Nun, da ihm endlich eine Öffnung nach draußen angeboten wurde, verließ er sein enges Gefäß unter enormem Zischen und Spritzen und verteilte sich fröhlich über die gesamte Festtafel, meine Eltern, den Onkel und über die Wohnzimmertapete. Meine Mutter riss noch in letzter Verzweiflung das Fenster zum Hof auf, was Heio die Ge-

legenheit gab, den klebrigen Sekt auch noch über die Frontschei-
be der Luxuskarosse unseres Nachbarn zu verteilen – fröhliche
Weihnachten! Es war einer der wenigen Momente, in denen ich
meinen Mann dabei beobachten konnte, dass ihm die Situation
ein ganz klein wenig peinlich war. Meine Mutter versicherte sofort, dass das alles überhaupt nicht schlimm sei, und versuchte,
nicht allzu hektisch mit dem Lappen über die Tapete zu wischen.
Meine Nichte und mein Neffe lagen unter dem Tisch vor lachen,
während meine Schwester und der Schwager leicht fassungslos
dreinblickten. Ich wusste nicht, ob ich weinen oder lachen sollte,
entschied mich dann aber doch fürs Letztere.

Wir verteilten den letzten kleinen Schluck, der es nicht mehr
aus der Flasche geschafft hatte, auf die Sektgläser und stießen
auf den neuen Mann im Haus an! Die Flecken sind bis heute gut
sichtbar an den Wänden im Wohnzimmer meines Onkels, und
bei der Erinnerung, wie sie da hinkamen, muss ich immer noch
herzlich lachen. Ja, so war das. So kam Heio in unserer Familie
an.

Vielleicht sagt diese Geschichte, so holprig wie unsere
menschlichen Erlebnisse nun mal sind, etwas darüber, wie das
ist, wenn die größte Liebe von allen bei uns ankommt. Wenn
sie sich ihren Weg bahnt. Wenn sich plötzlich in allzu vertraute Begegnungen ein Herzklopfen mischt. Wenn wir merken:
Vielleicht ist da mehr. Mehr als wir gedacht haben. Mehr als es
den Anschein hatte. Vielleicht kommt mir hier gerade die Liebe
meines Lebens entgegen und ich hätte sie fast übersehen. Aber
Vorsicht: Diese Liebe ist gewaltig! Sie passt sich nicht fröhlich
unserem Feiertagsprogramm an und lässt sich nur sehr kurz,
wenn überhaupt, dekorativ zwischen Onkel und Neffe auf das
Sofa quetschen. Sie passt nicht in ein kurzes Gebet vor dem Essen und auch nicht in einen Kirchenbesuch einmal die Woche
oder einmal am Heiligabend. Diese Liebe ist so wenig in unseren weihnachtlichen Abläufen zu halten wie Heios Sekt in der
Flasche. Das muss man wissen, wenn man sich bereit macht, sie

zu empfangen. Sie kann unsere vertrauten Rahmen sprengen, sie kann sich über die Festtafel ergießen und so viel Raum einnehmen, dass wir die Fenster aufreißen müssen und der Nachbar noch seinen Teil abbekommt. Sie kommt nicht zu unseren Bedingungen. Sie hält sich an keinen Dresscode. Sie schlüpft nicht in die vorbereiteten Schlappen und verhält sich nicht wie ein Gast, der sagt: »Tut einfach so, als wäre ich nicht da!« Sie kommt ebenso sanft wie gewaltig. Sie kann langsam und still über Jahre unser Herz erobern oder in einem Moment unser ganzes Leben auf den Kopf stellen und nichts ist wie es einmal war. Man weiß es einfach nicht.

Man kann sie nicht nur auf eine Art und Weise erleben. Wenn wir sie einladen, dann können wir nicht darüber verfügen, wie sie kommt, welche Wege sie wählt. Vielleicht zieht sie uns in dieser Weihnachtszeit einfach still in ihre Arme. Oder sie lässt jahrelang auf sich warten und alles, was sie uns gibt, sind alte Liebesbriefe und kleine Zeichen am Himmel, die uns sagen können, dass wir niemals umsonst warten. Und wenn sie auftaucht, bringt sie vielleicht den Dreck der Welt auf unseren Wohnzimmerteppich. Sie kann uns in die Küche schicken, damit wir Essen für tausend Gäste kochen, wenn unsere Vorratsschränke fast leer sind, oder sie befiehlt uns, die Hände aus dem Teig zu nehmen und einfach mal still zuzuhören. Kann sein, sie kitzelt uns durch oder sie bringt uns zum Weinen. Vielleicht weckt sie uns auf oder ihr Erscheinen lässt uns endlich, nach langer Zeit, wieder friedlich schlafen.

So kommt Gottes Liebe. Auf tausend Wegen. Nein, auf 7,8 Milliarden Wegen. Sie kommt, um uns Menschen zu erobern. Sie kennt den Weg zu unseren Herzen. Darauf können wir uns verlassen. Und sie kommt bei denen an, die bereit sind, sie zu empfangen.

· 23 ·

Verlorenes

ach einem Konzert konnte ich einmal mein Auto nicht wiederfinden – dabei hatte ich nichts getrunken, ehrlich! Unser blauer Dacia hatte sich einfach unter Hunderten von gleich
aussehenden Fahrzeugen versteckt. Leider hatten wir kein so
modernes Autoöffnungsteil, das sein Herrchen von weitem
mit Aufleuchten und Piepsen begrüßt. Also irrte ich lange Zeit
todmüde auf dem riesigen Parkplatz hin und her. Irgendwann
musste ich mir eingestehen, dass mir nur noch die Möglichkeit
blieb, geduldig zu warten, bis die anderen Konzertbesucher mit
ihren Autos weggefahren waren. Und da stand es: mein Auto!

Eins von Millionen. Alleine an einem Ende des Parkplatzes, an dem ich niemals nach ihm gesucht hätte. Ich war sehr froh, es wiederzufinden.

Mindestens so froh war ich, als ich meine Oma wiedergefunden habe. Diese wunderbare Frau, die mit zunehmendem Alter immer vergesslicher und verwirrter wurde. Wir wohnten zusammen im Haus und wann immer meine Mutter unterwegs war, durften meine Schwester und ich nach der Oma schauen. Die Hauptaufgabe bestand darin, darauf zu achten, dass sie nicht davon lief. Sie wollte nämlich ganz oft nach Hause – zu dem Bauernhaus am anderen Ende des Dorfes, in dem sie aufgewachsen war. Und immer wieder machte sie sich in Hausschuhen und Kittelschürze auf den Weg dorthin. Meistens verlief sie sich dabei und irgendjemand aus dem Dorf nahm meine Oma an die Hand und brachte sie wieder zu uns zurück. Am besagten Tag, an dem ich sie verlor, hatte ich sie aus irgendeinem Grund zu lange alleine gelassen. Als Zwölfjährige hat man so viele wichtige Dinge zu tun, um die man sich neben der Oma kümmern muss. Als ich dann wieder nach ihr schaute, saß sie nicht mehr auf ihrem gewohnten Platz auf dem Sofa. Mir fuhr der Schreck in die Glieder. Ich lief durch die Wohnung, durchsuchte alle Räume – keine Oma. Aufgelöst gab ich meiner Mutter Bescheid und wir liefen das Gässle auf und ab und dann die ganze Strecke bis zu ihrer alten Heimat und wieder zurück. Weit und breit keine Oma! Verzweifelt warf ich noch einmal einen Blick in ihr Wohnzimmer, ein letztes Vergewissern, dass wir sie nun wohl auf ewig verloren hatten und – da saß sie! An ihrem gewohnten Platz auf dem Sofa, entspannt in einem Buch blätternd.

»Aber Oma!«, rief ich, »wo warst du denn nur? Wir haben dich überall gesucht!«

Sie strahlte mich an, zeigte in eine Ecke des Zimmers und meinte: »Der Engel hat mich wieder heimgebracht!«

Ich sah nirgends einen Engel und wie sehr ich auch neugierig nachfragte: Sie gab keine näheren Erklärungen mehr ab. Da war ein Engel gewesen und er hatte sie zurückgebracht. Und gut war.

Samuel ging auf einer Hochzeit verloren. Ich konnte zu dem Fest nicht mitkommen, weil mein Vater im Sterben lag. Heio hat mir die Geschichte später, mit schlechtem Gewissen, erzählt. Wie er unser damals zweijähriges Kind kurz auf der Wiese bei anderen Eltern mit ihren spielenden Kindern abgab, um sich am Buffet zu bedienen. Als er zurückkam, war das Kind weg. Die Wiese war von Wald umgeben. Es folgten panische Momente mit ins Dunkel leuchten und Waldrand absuchen – um dann, nach gefühlten Ewigkeiten, Samuel im Festzelt zu finden, wo er gerade dabei war, mit großem Interesse einen Zelthering zu untersuchen. Ungefähr zur selben Zeit verlor ich meinen Vater.

Es ist die Angst vor dieser Art von Verlust, die mir manchmal den Schlaf raubt. Der Verlust von Menschen, die so wunderbar und schmerzhaft mit meinem eigenen Leben verwoben sind, dass ich fürchte, ich könnte mit ihrem Verlieren mich selbst nicht mehr wiederfinden. Doris Dörrie berichtet auch von dieser Angst, die sie mit der Geburt ihres Kindes zu einer Schlaflosen gemacht hat, weil sie abends die Welt nicht mehr abschalten konnte. »Ich bin dazu verdonnert immer weiter zuzuhören, ob ich will oder nicht«[68], schreibt sie. Ich weiß genau, was sie meint. In meiner ersten Zeit als Mutter wachte ich bei jedem kleinsten Geräusch auf. Ein tiefer Seufzer aus der Wiege – ob das normal war? Ein Knarren an der Tür – eine versuchte Kindesentführung? Ich konnte auch nicht aufhören, mit dem Zuhören, besonders dann, wenn das Kind unglücklich war und schrie – was es drei Jahre lang ausgiebig Nacht für Nacht tat! Dabei ging mir mein Tiefschlaf völlig verloren. Und ich war überglücklich, als ich ihn Jahre später wiederfand.

Gott ging seine ganze Welt verloren. Und Weihnachten ist der Startpunkt der größten und gefährlichsten Suchaktion dieser Welt. Der Schöpfer wurde Geschöpf, quetschte sich durch den Geburtskanal einer jungen Frau, um sich wimmernd und hilflos seinen Menschen auszuliefern. »Das Wort wurde Fleisch« (Johannes 1,13). Eugene Peterson umschreibt das in seiner Übertragung »The Message« mit der Formulierung: »Das Wort wurde Fleisch und Blut und zog in die Nachbarschaft«[69]. Gott zog in unsere Nachbarschaft. Unfassbar! Und diese Nachbarschaft war kein festlich geschmückter Planet, der ihn gebührend empfing mit einer edlen Wohnung im Regierungsviertel. Nein, diese Welt war eine gefährliche, dunkle Gegend, die ihr Schöpfer besuchte, um zu suchen und zu retten, was verloren war.

Das macht er bis heute. Er sucht nach uns auf Parkplätzen, in Wohnzimmern, in dunklen Ecken, auf Hochzeitsfesten und wenn wir geliebte Menschen verlieren. Er hört nicht auf mit dem Wachen und Zuhören bei seinen Menschenkindern, die so eng mit seinem Herzen verwoben sind. Er kreuzt unsere Wege. Er schickt Engel, die »Fürchte dich nicht!« rufen und »Euch ist der Heiland geboren!« und die den Weg nach Hause zeigen. Ich wurde von ihm gefunden vor so vielen Jahren. Eine unter Millionen. Wie dankbar bin ich dafür. Und doch habe ich den Eindruck, dass ich immer wieder von ihm gefunden werden muss. Es gibt nicht wenige Tage, an denen ich mich ganz verloren fühle.

Als ich zum ersten Mal verloren ging (zumindest ist es das erste Mal, dass ich mich daran erinnern kann), waren wir im Gedränge eines Jahrmarkts, in einer vertrauten Straße unseres Dorfes, in dem mein Vater seinen Uhrenladen hatte. Ich wurde von der Menge mitgeschoben und klammerte mich an einem grünen Filzgürtel fest. Der gehörte zu einem grünen Lodenmantel. In dem steckte meine Mutter. Dachte ich. Aber als ich von der Gürtelhöhe aus nach oben blickte, war das zwar der gleiche Lodenmantel, wie meine Mutter ihn trug, aber darin steckte eine dunkelhaarige Frau, die wild gestikulierend in einer mir unverständlichen Sprache auf mich einredete. Ich war tief erschrocken und fing bitterlich an zu weinen. Wie sollte ich jemals meine Mutter wiederfinden? Irgendwann tauchte der grüne Lodenmantel meiner Mutter aus der Menge auf. Sie brachte mich zurück in den Laden, in dem mein Vater wartete, um mich tröstend in seine Arme zu schließen.

An der Seite meines Vaters gingen wir nie verloren. Er war gut im Kartenlesen und konnte sich immer bestens orientieren. Ich glaube, ich habe als Kind nie erlebt, dass er jemals nach dem Weg fragen musste. Wenn er in der Nähe war, wusste ich, dass wir sicher nach Hause kommen würden (vielleicht ist mein eigener Orientierungssinn deshalb so unterentwickelt, weil ich ihn mit so einem Vater einfach nie gebraucht habe). Erst gegen Ende seines Lebens hat er sich immer wieder verlaufen. Die Krankheit hat ihm, neben vielem anderen, auch seinen Orientierungssinn genommen. Einmal fanden wir ihn nach längerer Suche auf den Treppenstufen seines ehemaligen Ladens. Mein Vater wusste nicht mehr, wie er nach Hause finden sollte.

. . . .

Welt ging verloren,

Christ ist geboren:

Freue,

freue dich

o Christenheit![70]

· 24 ·

Maria

Ein Weihnachtsgedicht
Oder: Was ich Maria gerne einmal fragen würde

Maria,
wie war's für dich, das erste Mal
Jesus im Arm zu halten?
Die kleinen Finger abzuzähln,
ihm ins Gesicht zu sehn?
War irgendwas in seinem Blick,
ein Wissen über dich,
das nur in deren Augen liegt,
die unser tiefstes Sein verstehn?

Maria, es interessiert mich halt:
Was war sein erstes Wort?
Was war sein Brabbeln, sein Erwidern?
Hat er bei »Papa« Josef angeschaut
oder war's sein Wort am Morgen,
lächelnd mit geschlossnen Lidern?

Hast du ihm Schwimmen beigebracht,
im Tal, an eurem großen See
oder hast du irgendwie gedacht,

dass das nicht nötig wär?
Gab's Tränen wegen aufgeschürften Knien
und weil seine Herkunft unklar war?
(Und das ist schlimm in einem Dorf!)
Hat er manchmal auch geschrien
Und war sein Herz vor Heimweh schwer?

Hatte er im Dunkeln Angst?
Erzählte er den schlechten Traum
von Holz und Hass,
von Blut und großem Schmerz
und hast du sanft die Tränen weggeküsst,
wie dies nur Mütter tun
und hast gesagt: »Alles wird gut«,
und in dir brach dein Herz?

Hast du ihm Beten beigebracht
oder warst du staunend still,
als seine Worte sich zu Sätzen formten,
so warm und frei,
so innig wie's kein Mensch vermag,
wie Luft an einem Frühlingstag?

War er mit Johannes Freund?
Hat sein Cousin ihn sehr geliebt?
Haben sie zusammen viel gelacht,
Unsinn gemacht, Versteck gespielt?
Hat er immer alle schnell gefunden
oder war sein Lieblingsspiel,
seine Freunde zu erraten,
die Augen zugebunden?

Und warst du damals sehr verletzt,
als du verzweifelt ranntest,

in dieser großen Stadt
die Straßen hoch und wieder runter
und du ihn fandest
ihm Haus des Vaters
ganz getrost und munter?

Und wann, Maria,
wurde dir bewusst,
dass nicht mehr ER der Mutter,
sondern du SEINEN Worten
folgen musst?

Wann spürtest du:
Nun halt ich nicht mehr ihn,
nun hält er mich,
nun muss er los,
um seine Welt zu retten?

Wann war dir klar,
das dieses Kind,
aus dir geborn,
am Ende
dein Erlöser war?[71]

· 25 ·

Gefährten

Die Tage zwischen Weihnachten und Silvester mag ich besonders. Nach dem ganzen Feiern
und Essen und den Verwandten-
besuchen atmen wir einmal tief
durch und lassen das Jahr ruhig
ausklingen. In diesem Jahr haben wir aber noch einmal unsere
Koffer gepackt, um uns auf den
Weg zu Freunden zu machen,
die vor zwei Jahren in den Osten
Deutschlands gezogen sind. Sie
sind Teil unserer kleinen Jesusfreaks-Familie in Stuttgart. Ihr
Umzug war für uns alle schwer, weil wir uns einfach so schlecht
ohne sie denken können. Als ich dann zu meinem 50. Geburtstag einen Gutschein bekam, ein paar Tage bei ihnen zu verbringen, haben wir uns gleich auf Silvester geeinigt. Deshalb fuhren
wir nun voller Vorfreude über die Autobahn, an Nürnberg und
Bayreuth vorbei ins schöne Vogtland.

Als wir bei den Freunden ankamen, brannte bereits ein ge-
mütliches Feuer im Ofen. Während die Kinder aufgedreht um
uns herum tobten (ein Zustand, an den wir uns in den nächsten
Tagen gewöhnen würden), tranken wir heißen Tee, aßen saf-

tig-süßes Früchtebrot und tauschten uns über die letzte Wegstrecke unseres Lebens aus. Wir sprachen über unsere Umzüge, das Ankommen an einem neuen Ort, über Menschen die wir vermissen und über neue Beziehungen, die uns bereichern. Und auch in den kommenden Tagen würden unsere Gespräche immer wieder darum kreisen, was ein Zuhause für uns ausmacht. Nebenher hatten wir Gelegenheit, ein wenig von ihrer neuen Heimat kennenzulernen. Wir flanierten gemeinsam durch die Kastanienallee am Dorfeingang und genossen warme Bagels und selbstgemachte Zitronenlimonade in ihrem Lieblingscafé. Wir entdeckten die leckeren Knusperflocken und herrlich fettige Roster-Würste im Supermarkt

und liefen abends durch schmale Dorfstraßen, um die vielen geschnitzten Lichterbögen in den Fenstern zu bewundern. Die Landschaft mit ihren Tannenwäldern und weiten Wiesen erinnerte mich an mein Zuhause, den Schwarzwald, nur war hier alles weiter und wilder und einfach wunder-, wunderschön! »Man nennt die Gegend hier auch Klein-Kanada«, erklärten die Freunde, die sich sichtlich an unserem staunenden Blick freuten. Also geht es den Vogtländern in Kanada wahrscheinlich ähnlich wie mir hier: Es ist wie zu Hause – nur weiter und wilder und wunder-, wunderschön!

Wir wanderten zu einem großen Stausee, an dessen Ufer die Kinder begeistert ihre Schuhe mit satten Geräuschen in Matschlöcher steckten und Wurzeln und große Steine ins Wasser warfen (ich achtete besorgt darauf, dass Samuel im Überschwang nicht das kleine Kind der Freunde hinterher warf ...). Mit kalten

Fingern brachen wir Eisschollen-Kunstwerke aus Pfützen, in die bunte Blätter eingefroren waren, und wärmten die Hände am weichen Moos, das sich wie eine flauschig grüne Decke zwischen den Bäumen ausbreitete. Windtränen liefen uns über die Wangen, während wir unsere Gesichter dem Himmel entgegenstreckten und die langgezogen Wolkenformationen bewunderten. Es war herrlich!

Maggie Smith schreibt in einem ihrer Gedichte: »I'm desperate for you to love the world because I brought you here.«[72] (»Ich möchte so unbedingt, dass du diese Welt magst, weil ich dich hierher gebracht habe.«) Ich mag diesen Satz sehr. Er erinnert mich daran, wie ich oft angespannt dasitze, wenn ich jemanden in einen unserer Gottesdienste mitgebracht habe, weil ich so gerne möchte, dass es dem anderen gefällt und er sieht, was ich sehe, und mag, was ich mag. Und vielleicht geht es Gott auch ein bisschen so, wenn er uns auf seiner Erde sieht, auf die er uns eingeladen hat. Ich glaube fast, es erfüllt ihn mit wilder Freude, wenn wir die Schönheiten entdecken, die er an jeder Ecke für uns versteckt hat!

Am Silvesternachmittag fuhren wir zu weiteren Weggefährten ins Erzgebirge, um dort gemeinsam mit ihnen Gottesdienst zu feiern. Ihre Freude war groß, als sie uns sahen, und es war spannend, sie an ihrem Heimatort zu erleben. Mich berührte der Gedanke, dass wir an einem Ort zusammen Jesus anbeten, wo ein sozialistisches System mehr als eine Generation lang versucht hat, den Leuten einzureden, dass es Gott nicht gibt. Nun gab es stattdessen dieses System nicht mehr. Und Gott schien das kurzzeitige Totreden gut weggesteckt zu haben. Er war ganz lebendig da. Immer wieder hörten wir, dass hier selbst zu DDR-Zeiten ein »frommer Boden« war. Viele folgten treu Jesus nach und nahmen dafür in Kauf, als Außenseiter zu gelten und niemals studieren zu können. Was für ein kostbares Erbe! Wie anders bin ich aufgewachsen. Und doch fühlte ich mich in dem Gottesdienst sofort wie zu Hause.

Am Silvesterabend saßen wir dann um den großen Esstisch der Freunde, die auch die Pfarrfamilie aus ihrem Ort dazu eingeladen hatten. Wir mochten dieses Ehepaar und ihre vier Jungs auf Anhieb. Während wir die Luft im Wohnzimmer mit dem schweren Duft von Raclettekäse anreicherten und redeten und lachten, tobten die Kinder durch die Räume, bis wir den Lärm kaum noch ertragen konnten und sie mit einer Dschungelbuch-DVD ruhigstellten. Am letzten Tag des Jahres darf man das, finde ich. Kurz vor Mitternacht sangen wir zusammen unsere Lieblingslieder, ein Lob auf den Gott, dem wir folgen wollen, auch im kommenden Jahr! Dann zwängten wir uns in Jacken und Schuhe, die verstreut in der Wohnung lagen, um uns im Hof noch ein wenig am Vogtländer Feuerwerk zu beteiligen und mit Sekt auf das neue Jahr anzustoßen. *L'Chaim!* Auf das Leben! Jetzt und hier. Irgendwann fielen wir müde und unfassbar beschenkt in unsere Betten.

Selbst auf unserer Heimfahrt rissen die guten Begegnungen nicht ab. An der Tankstelle im Nachbarort trafen wir auf einen Jesusfreak, den wir am Alpha-&-Omega-Aufkleber erkannten – und vor allem an seinem klapprigen Auto und den Dreadlocks … Wir feierten ein kleines spontanes Familientreffen neben der Zapfsäule. Auch einen kurzen Überraschungsbesuch bei einer alten Freundin meiner Mutter legten wir noch ein. Wir aßen gemeinsam zu Mittag, bevor wir uns für die letzte Wegstrecke segneten. Noch lange sahen wir diese treue Jesusliebhaberin im Rückspiegel winken. Ich sagte leise zu Heio: »Wahrscheinlich sehen wir sie nun erst im Himmel wieder!« Himmel. Ferne, ewige Heimat. Verschwommene Verheißung am Horizont, die Jahr für Jahr etwas näherkommt. Der Ort, an dem Jesus uns voller Freude an die Hand nehmen und uns zu der Wohnung führen wird, die er für uns vorbereitet hat. Wir werden uns dort umschauen und es kaum fassen können, wie sehr wir uns darin zu Hause fühlen (das zumindest kann man vom Schöpfer aller kreativen Inneneinrichter erwarten!).

Im Rückblick auf diese Tage kommt es mir fast so vor, als hätte Jesus sich in unsere Gespräche über Heimat eingeschaltet, um uns zu zeigen: Schaut her – hier! Hier ist Heimat! Es sind die Orte, an denen wir leben, und die Geschichten, die sich dort ereignet haben, die dunklen Kapitel wie auch die hellen. Sie geben unseren eigenen Geschichten unweigerlich eine Richtung und prägen unsere Sicht auf das Leben. Und so manche Segensspur streckt sich wie eine weite Bergkette über Generationen bis zu uns. Es ist der Boden, auf dem wir stehen, und es ist Jesus selbst – unsere Herzensheimat –, der uns seine Welt zeigt und lieb macht mitsamt den Menschen, die darauf sind. Er lässt uns an fremden Orten ankommen, über regionale Schönheiten staunen und bringt uns auch dort mit Menschen zusammen, die auf ihrem Weg zum ewigen Zuhause sind.

Was für ein Segen sind Weggefährten! Solche, die lange Wegstrecken neben uns hergehen und mit denen wir viele gemeinsame Geschichten teilen, ebenso wie die kurzen, oft atemlosen Begegnungen neben Zapfsäulen oder bei einem kleinen Zwischenstopp auf dem Heimweg. Wenn ich eins gelernt habe, dann das: Wir brauchen einander. Ich schaffe den Weg durch diese wunderbare und doch so zerbrochene Welt nicht alleine! Im echten Leben fällt mir das oft schwer. JA zu meiner Bedürftigkeit zu sagen. Mich mir/jemanden zuzumuten. Jemanden anzurufen, wenn ich gerade total ausgerastet bin, weil mein Kind mich so wütend gemacht hat, dass ich gar nicht weiß, wohin mit mir und der ganzen Wut – auf das Kind, auf mich selbst und auf alle Leute, die scheinbar so ein heiles Familienleben haben. Wir haben es ganz oft nicht – falls ich das irgendwie vergessen habe zu erwähnen. Unsere Nachbarn könnten euch ein Lied davon singen. Manchmal schäme ich mich dafür, dass bei uns so viel Geschrei und Tumult ist, während andere scheinbar leise und freundlich ihren Alltag bewältigen. Aber dann sage ich mir: Jetzt wissen sie wenigstens, warum wir in diesem Haus die Familie sind, die Jesus braucht!

Ich will lernen, nicht erst hinterher, nicht erst wenn andere von ihren Kämpfen erzählen, weise nickend zu sagen: »Ach ja, so geht mir das auch manchmal!« Ich will in den Momenten nach der Hand meiner Gefährten greifen, in denen ich mich verloren fühle und so gar nicht in Ordnung bin. Dann brauchen wir einander doch am allermeisten!

Wir brauchen einander, um uns – entsprechend unserer Kraft und Gottes Gnade – Orte zu geben, an denen wir verheult auftauchen können und an denen wir das Gefühl haben, weder den Bauch einziehen noch das anstrengende Kind vor der Tür lassen zu müssen. Wir brauchen Menschen, die uns helfen, die Schuhe aus dem Matsch zu ziehen, und die mit uns ein paar Tüten Knusperflocken vernichten, während wir uns gegenseitig erzählen wie es uns WIRKLICH geht. Ich brauche Menschen, die mit mir zusammen über zunehmende Falten und die Beschwerden von Wechseljahren lachen, die mich an Gottes Treue auf der bisherigen Wegstrecke erinnern und die mich wachrütteln, wenn mein Glaube träge und müde geworden ist. Ach, was für ein Segen sind solche Weggefährten! Und wie gerne möchte ich auch so einer für andere sein.

Und dann hoffe ich, dass auf meiner letzten Wegstrecke Menschen da sein werden, die meine Hand halten und mir im Angesicht meines Todfeindes sagen, dass ich jetzt nach Hause gehe. Sie sollen unsere Lieblingslieder singen und mir nachwinken, während Jesus mich heimholt. Ich habe keine Ahnung, wie es dort aussehen wird. Das macht mir manchmal wirklich Sorge. Aber der Schöpfer dieser Welt ist auch der Schöpfer des Himmels. Und vielleicht ist es dort ein bisschen so ähnlich wie an den Orten, die wir hier so sehr lieben. Nur viel weiter und wilder – und einfach wunder-, wunderschön!

Himmel und Erde

»Wenn ich darüber nachdenke, was ich einem unserer Kinder ‚mitgeben' möchte fürs Weitergehen, dann sage ich vorsichtig nur dies: ‚Behalte das Leben lieb!' Da ist der Himmel mitgemeint, das wissen sie.«

HANSPETER WOLFSBERGER[73]

• 26 •

Ein Segen für den Heimweg

Wir nähern uns dem Ende meiner Jahresreise, bei der ihr mich begleitet habt. Ich durfte euch meine Geschichten erzählen und ihr wart die stillen Zuhörer an meiner Seite. Von Herzen danke ich euch dafür. Jetzt ist also Abschied angesagt. Ich möchte eigentlich noch so viel sagen, merke aber, die Seiten sind schon zu voll und überhaupt: Wenn man es bis hierher nicht gesagt hat, ist es wohl auch nicht so wichtig. Aber eine Sache würde ich gerne noch tun, bevor sich unsere Wege hier trennen: Könnten wir vielleicht eine ruhige Ecke suchen und darf ich dich zum Abschluss segnen? Winn Collier schreibt, dass wir in unserer Welt voller Tragödien, Zerbruch und Traurigkeit auf dem Segen bestehen müssen! Weil wird damit das trotzige Vertrauen aussprechen, dass der Gott, der unsere Welt gut genannt hat, seine gütige Hand nicht von unserem Leben nimmt und dass nichts und niemand ohne Hoffnung ist![74] Deshalb will ich ein Leben lang darauf bestehen, gesegnet zu werden und andere zu segnen.

Gott, der Vater, segne dich.
Er segne dich mit seinem Ja über dir.
Du sollst wissen, dass dir dieses Ja in Christus gilt
zu allen Zeiten,
auf jeder Wegstrecke
und jetzt und hier, in diesem Moment.
In dieser Liebe darfst du ruhen und sein.

Mein Kind, ich segne dich und ich liebe dich!

Der Auferstandene segne dich mit einem wachen Blick,
dass du Zeuge seiner Wunder bist,
kleiner Lebenszeichen,
die fast unbemerkt aufwachsen
aus der dunklen Erde, auf der wir stehen.
Er bringe dein Herz zum Staunen darüber,
dass er mit unseren Brotkrümeln und Fischgräten
Menschen satt machen kann
und am Ende noch genügend für ein Festmahl übrigbleibt.

Mein Kind, ich segne dich und ich liebe dich!

Er segne dich mit seiner heilenden Gegenwart
in deinem Schmerz
und all den Dingen, die noch ungelöst in dir sind.
Er führe dich durch deine dunklen Tage.
Er tröste dich.
Er stehe dir darin bei, geduldig mit deiner Seele zu sein
auf den Wegstrecken,
die nur ganz langsam zu bewältigen sind.
Mein Kind, ich segne dich und ich liebe dich!

Unser himmlischer Vater, der immer auf dem Weg ist
Verlorenes zu suchen und zu finden,
segne dich mit dem Verlangen, auf Schatzsuche zu gehen.
Er segne dich mit seiner unbändigen Freude,
Menschen zu sagen, wie geliebt sie sind
und dass da ein Zuhause auf sie wartet.

Mein Kind, ich segne dich und ich liebe dich!

Seine heilige Gegenwart segne dich
in den Veränderungen, die du erlebst.
Sie begleite dich, leite und tröste dich
in Zeiten des Abschieds und des Aufbruchs,
wenn es wichtig ist, Altes loszulassen
und Neues zu umarmen.
Gott sei dein Schild und deine Stärke,
mitten in Anfechtungen und Kämpfen.
Er decke dir den Tisch im Angesicht deiner Feinde
und mache deine Wüstentäler zu Segensorten.

Mein Kind, ich segne dich und ich liebe dich!

Und der Gott Jakobs und Israels segne den Ort,
auf dem du stehst.
Möge er den Boden fruchtbar machen,
deinen Lebensrhythmus segnen,
deinen Sabbat heiligen
und dein Leben auf eine Art und Weise erden,
dass dein Zuhause Heimat- und Sehnsuchtsort zugleich sein
wird.

Und möge dir unser großzügiger Gott reichlich
Spätsommertage schenken,
an denen er dich mit seiner Freundlichkeit überrascht,
besonders in den Jahren,
in denen du nicht mehr damit gerechnet hast.

Mein Kind, ich segne dich und ich liebe dich!

Jesus, unser Bruder, segne dich.
Er schenke dir Menschen, die mit dir unterwegs sind,
die mit dir zusammen Feste feiern und Altäre bauen,
die deinen Glauben wach halten und
die daran interessiert sind, wie es dir wirklich geht.
Und er segne dich, dass du so ein Weggefährte für andere sein
kannst (denn das kannst du!).
Möge dein Herz wieder und wieder mit der Gewissheit überflu-
tet werden,
dass deine Heimat in seiner Liebe ist.
Und Tag für Tag sollst du ihm das neu glauben können:

Mein Kind, ich segne dich und ich liebe dich!

Er segne dich mitten in deiner Geschichte,
gerade auch in den verworrenen Kapiteln,
den roten Faden seiner Gnade zu erkennen.
Und während du ihm weiter dein Ja schenkst
und du ihm jetzt und hier dein Leben anvertraust,
segne er dich mit dieser Zuversicht:
Wir sind nicht alleine und am Ende wird alles gut.
Der treue Gott wird seine gütige Hand nicht von unserem
Leben nehmen!

Ja und amen.

Epilog

Heute ist der erste Tag des neuen Jahres. Erneut finde ich mich an einem Schlittenhang wieder. Diesmal haben wir allerdings vorgesorgt und einen Schlitten mitgenommen. Die Müdigkeit der Silvesternacht hängt mir noch in den Knochen, aber ich spüre in diesem Moment nur diesen einen Wunsch: den Hang hinaufzusteigen und mich unter die johlende Menge zu mischen, die nach unten fährt.

Der kleine Junge unserer Freunde greift zutraulich nach meiner Hand. Freudig überrascht nehme ich wahr, dass er mich für diese erste Fahrt seiner Mutter vorzieht. Der Schnee knirscht unter unseren Schuhen und meine Zehen ziehen sich frierend zusammen, während wir Hand in Hand nach oben steigen. Schnaufend kommen wir an und ich bringe den Schlitten in Position. Kleine Füße auf die Tritte gestellt. Arme fest um den kleinen Menschen geschlungen. Er greift nach der Schlittenschnur wie nach einem Lenkrad. Dann die Kufen leicht über die Kante. Ein Schubs – und los geht's.

Wir nehmen schnell Fahrt auf. Der Wind bläst uns um die Ohren. Ich versuche, uns von der Schanze wegzulenken und die beste Spur zu finden. Der Schlitten fliegt über kleine Unebenheiten und das Kind quietscht vor Freude. Die Hälfte der Strecke liegt schon hinter uns. Jetzt ist nicht mehr vorsichtiges Bremsen angesagt. Jetzt genießen wir die Fahrt. Ein Jauchzer, der seit dem letzten Schlittenhang in mir geschlummert hat, drängt nach oben. Ich juble. Und spüre Gottes Freude gepaart mit der wilden Zuversicht, dass er genug für uns hat, für all die

Jahre, die vor uns liegen. Für alles, was kommt.

Ich bin wie dieses kleine Kind vor mir auf dem Schlitten. Ich habe keine Ahnung, wie man das Ding bremst und wo die Fahrt endet. Aber ich lehne mich zurück. Er ist dabei. Er wird immer dabei sein. Das ist mehr als genug.

»Ich aber, Herr, vertraue auf dich!
Ich sage es und halte daran fest:
Alle Zeiten meines Lebens sind in deiner Hand.«
PSALM 31,15-16 NGÜ

Danke

Im 1. Korintherbrief 4,7 schreibt Paulus diese wahren Worte: »Was aber hast du, das du nicht empfangen hast?« Hiermit danke ich allen inspirierenden Schriftstellern und den Menschen, die gute und lebendige Worte weitergeben und aus deren Quellen ich im Leben und auch beim Schreiben schöpfen darf.

Danke, Anja Schäfer, für das Lektorat – ich arbeite so gerne mit dir zusammen! Danke, Ruth Atkinson, für deine wunderbare Begleitung, auch beim dritten Buch (ich kenne niemanden, der Mails so rasch und geduldig beantwortet wie du!) und danke an den Verlag für das erneute Vertrauen.

Jennifer Zimmermann – du hast mit deinem Geleitwort zu diesem Buch meine Sehnsucht ausgedrückt, wie ich gerne schreiben würde. Ich finde mich in deinen Worten und deinen wunderbaren Artikeln – immer wieder aufs Neue.

Danke, Franzi und Jochen, für die Fotos und für ein unvergessliches Silvester im Vogtland.

Danke an meine treuen Blogleser – was wäre eine Autorin ohne die Menschen, die sich Zeit nehmen, die Geschichten auch zu lesen!
Danke für alle wunderbaren Einladungen und Begegnungen auf Lesungen und für jede Mut machende Rückmeldung. Schreiben kann eine einsame Sache sein. Eure Worte und Briefe sind meine Schatzkiste an trüben Tagen.

Danke, Melanie Carstens – du bist eine dieser tollen Frauen, die andere groß machen und den Tisch ganz weit ausziehen, damit viele Platz daran finden und ihre Stimme einbringen dürfen! Ich bin froh, dass du mich in die Runde eingeladen hast.

Danke meinen Weggefährten!
Danke für Schwaikheimer Sonntage, für Heimerdinger Gastfreundschaft, für Fellbacher Garten-Feste, für Danke-Jesus-Partys, für Halbzeitpausen und alle anderen Altäre, die wir gemeinsam bauen dürfen!
Danke, meine Freunde und meine Familie, dass ich mir bei euch meine kalten Hände wärmen kann, dass ihr meinen müden Glauben aufweckt und dass ihr auch dann noch meine Freunde seid, wenn ich mich monatelang kaum melde und dann verknautscht und liebesbedürftig aus meiner »Schreibhöhle« krieche.
Ihr liefert mir die besten Geschichten und ich bin so gesegnet, mit euch zusammen nach Hause zu laufen!

Heio – danke, dass du mir Raum gibst zum Schreiben und dich geduldig durch meine Texte liest und mich korrigierst, wenn ich übertreibe. Danke, dass du meine kleinen Erfolge feierst, als wären es deine eigenen – und in gewisser Weise sind sie das auch! Und danke, dass du auch die Kämpfe und Enttäuschungen mit mir durchlebst. Bei dir bin ich zu Hause und mit dir zusammen folge ich so gerne Jesus nach. Du bist mein riesengroßer Segen! Und das ist nicht übertrieben.

Samu, meine beste Zugabe und mein größtes Geschenk! Ich bin froh, dass du stolz erzählst, dass deine Mutter Bücher liest, wenn sie dich nach meinem Beruf fragen. Und ich freue mich, dass ich dir diese Gabe vermacht habe. Lies! Jede gute Geschichte, die du finden kannst! Und ich hoffe und bete, dass du deinen Platz in der besten Geschichte findest, in der man leben kann. *Wir sind nicht alleine und am Ende wird alles gut.*

Jesus. Ich danke dir. Für das alles. Und so viel mehr. Mein Zuhause. Jetzt und ewig.

Anmerkungen

1 Frederick Buechner: Telling Secrets, Harper Collins, New York 1991, S. 30, Übersetzung aus dem amerikanischen Original.

2 Helmut Thielicke: Das Bilderbuch Gottes, Quell, Stuttgart 1957, S. 103.

3 Mike Ashcraft: Ein Wort und Gott verändert dein Leben, SCM, Witten 2014.

4 Dieses Zitat wird manchmal dem britischen Autor Edward Morgan Forster zugeschrieben. In seinen Büchern wurde es jedoch nicht gefunden.

5 Wayne Muller: Sabbath – Restoring the Sacred Rhythm of Rest, Bantam, New York 1999, S. 1.

6 Epheser 5,16

7 Prediger 3,1

8 Tomas Sjödin: Warum Ruhe unsere Rettung ist, SCM, Witten 2016, S. 162.

9 Verena Friederike Hasel: ZEIT-Magazin, März 2018.

10 Weitere Infos dazu auf der Webseite: alphakurs.de

11 Gelesen bei: Fritz Rienecker: Das Schönste kommt noch, R. Brockhaus, Wuppertal 1988, S. 103.

12 Lauren F. Winner: Sabbat im Cafe, Gütersloher Verlagshaus, Gütersloh 2006, S. 39.

13 Ebd., S.45.

14 Eine Zusammenstellung der beiden Jesusworte aus Matthäus.16,18 und Apostelgeschichte 1,8.

15 C. S. Lewis: Letters to Malcolm – Chiefly on Prayer, Geoffrey Bles, London 1964. Aus dem englischen Original übersetzt: »We may ignore but we can nowhere evade the presence of God. The world is crowded with Him [...] The real labor is to remember to attend. In fact to come awake. Still more to remain awake.«

16 Aus seiner Predigt: Was ist Glaube?, youtube.com/watch?v=lCx0RofvEX4 (letzter Zugriff am 24.02.2020).

17 Adrian Plass: Im Nebel auf dem Wasser gehen, Brendow, Moers 2005, S. 244.

18 Aus einem wunderbaren Interview: A Conversation with Eugene Peterson, 2007, youtube.com/watch?v=FaaIui7cESs (letzter Zugriff am 16.07.2020).

19 Hebräer 11,1-2.

20 Rachel Held Evans: Inspired, Nelson, Nashville 2018.

21 Albert Knapp: Eines wünsch ich mir vor allem andern, Evangelisches Gesangbuch, Lied 421.

22 Winn Collier: Love Big, Be Well, Eerdmans, Grand Rapids 2017, S. 131.

23 Hierzu empfehle ich den wunderbaren TED-Talk von Chimamanda Adichie: Die Gefahr einer einzigen Geschichten (mit deutschen Untertiteln), 2009, youtube.com/watch?v=D9Ihs241zeg (letzter Zugriff am 16.07.2020).

24 »A story I risk being wrong about!«, Evans: Inspired, S. 164.

25 Ein Satz, den ich wahrscheinlich einmal von dem Theologen und Schriftsteller Frederick Buechner gehört habe.

26 Gehört in einem Interview mit Eugene Peterson.

27 Lukas 14,23.

28 Sara Wenger Shenk: Why Not Celebrate!, Good Books, Intercourse 1987, S. 1-2, übersetzt aus dem amerikanischen Original.

29 So gelesen in: Guido Baltes: Die verborgene Theologie der Evangelien, Francke, Marburg 2020.

30 Adrian Plass: Wenn ich einmal im Himmel bin, Brendow, Moers 1998, S. 91.

31 Apostelgeschichte 2,17 nach Joel 3,1.

32 James Smith/Richard Foster: Daß Gott mich wirklich liebt, R. Brockhaus, Wuppertal 1996, S. 124.

33 Mike Unwin/Jenni Desmond: Wanderungen – Die unglaublichen Reisen der Tiere, Fischer Sauerländer, Frankfurt am Main 2018.

34 Eugene Peterson: The Message, the Bible in Contemporary Language, NavPress, Colorado Springs 2002, S. 362. Übersetzt aus dem amerikanischen Original.

35 Aus Josua 1,3 und 69.

36 Den Gedanken von der geöffneten Hand, die aussieht wie Wurzeln in den Himmel, habe ich vermutlich bei Ann Voskamp gelesen. Leider konnte ich die Stelle nicht mehr finden.

37 Aus einer Predigt von Tim Keller: How to deal with dark times, youtube.com/watch?v=ulmaUtbayGY (letzter Zugriff am 16.07.2020).

38 Psalm 22,2.

39 »Ich erhebe ein Halleluja in der Gegenwart meines Feindes.« Melissa und Jonathan Helser: Raise A Hallelujah, Album »Victory«, Bethel Music 2019.

40 Claudia Ehrenstein: Nicht jeder Waldbrand ist eine Katastrophe, in: Die Welt, 09.09.1996, welt.de/print-welt/article655038/Nicht-jeder-Waldbrand-ist-eine-Katastrophe.html (letzter Zugriff am 16.07.2020).

41 Diesen Gedanken fand ich unter anderem auch in den Buch von Lauren Winner: Wearing God, Collins, New York 2015, Kapitel »Flame«.

42 Aus seiner Predigt: The Power of Trust, 2018, youtube.com/watch?v=qhboiYgymgo (letzter Zugriff am 16.07.2020).

43 Abraham Joshua Herschel: The Sabbath, Farrar Straus Giroux, New York 1951, S. 9.

44 Muller, Sabbath, S. 183.

45 Matthäus 11,28

46 2. Mose 19,9-10.

47 Paul Gerhardt: Befiehl du deine Wege, Evangelisches Gesangbuch, Lied 361.

48 Gelesen bei: Hanspeter Wolfsberger: Was dem Leben dient, SCM, Holzgerlingen 2019, S. 19, aus: Tanja Blixen, Babettes Fest, Manesse, München 2014.

49 Frei nach einer Geschichte von Kimberly Jackson, aufgeschrieben von Lauren Winner in: Wearing God, S. 78.

50 Offenbarung 8,4.

51 Ich danke Lauren Winner, bei der ich zum ersten Mal diesen wunderbaren Gedanken gelesen habe, dass Gott an unseren Gebeten riecht. Beschrieben hat sie es in ihrem Buch »Wearing God«.

52 Madeleine L'Engle: The Rock That is Higher, Shaw, Wheaton 1993, S. 22.

53 Meik Wiking: Hygge, ein Lebensgefühl, das einfach glücklich macht, Bastei Lübbe, Köln 2016.

54 Viktor E. Frankl: Trotzdem JA zum Leben sagen, Kösel, München 2020[9].

55 Psalm 34,18.

56 Vgl. Römer 8,18.

57 Frederick Buechner: The Stewardship of Pain, youtube.com/results?search_query=The+Stewardship+of+pain (letzter Zugriff am 12.08.2020).

58 Ebd. Von der Autorin aus dem Amerikanischen übersetzt.

59 Ann Voskamp: Tausend Geschenke, Gerth, Asslar 2014.

60 Jesus in Matthäus 16,4.

61 Danke Heiner, dass du mir von diesem Familiensegen von euch erzählt hast. Ich fand ihn so schön, dass ich ihn nun auch täglich i er meinem Kind ausspreche.

62 Henri Nouwen: Love, Henri, Adeo, Asslar 2017, S. 251.

63 Hanspeter Wolfsberger: Endlich wieder Brösel!, Fontis-Verlag, Basel 2019, S. 246.

64 Lukas 18,1–8.

65 Micha 7,18.

66 Markus 9,24

67 Eine Beziehungskomödie, in der sich eben diese beiden, Harry und Sally, fragen, ob eine enge Freundschaft zwischen Mann und Frau möglich ist, ohne dass sich einer der beiden irgendwann in den anderen verliebt. (Achtung, Spoiler: In diesem Film lautet die Antwort nein …).

68 Doris Dörrie: Leben, schreiben, atmen, Diogenes, Zürich 2019, S. 63.

69 »The Word became flesh and blood, and moved into the neighborhood.« Eugene Peterson: The Message – The New Testament in Contemporary Englisch, NavPress, Colorado Springs 1993.

70 Aus dem Lied von Johannes Daniel Falk: O du fröhliche, Evangelisches Gesangbuch, Lied 406.

71 Meine Lektorin hat mich darauf aufmerksam gemacht, dass es ein Lied von Mark Lowry gibt, das ganz Ähnliches zum Inhalt hat (»Mary did you know«). Ich kannte es bis zu dem Zeitpunkt nicht. Was wieder einmal zeigt: Es gibt nichts Neues unter der Sonne!

72 Maggie Smith: »First Fall« aus: Good Bones, Copyright © 2017 by Maggie Smith, poetryfoundation.org/poems/146751/first-fall (letzter Zugriff am 28.02.2020).

73 Wolfsberger, Endlich, S. 171

74 Collier: Love Big, S. 75.